O aluno gravemente enfermo

EDITORA AFILIADA

Volume 2
Coleção *Educação & Saúde*

Dados Internacionais de Catalogação na Publicação (CIP)
(Câmara Brasileira do Livro, SP, Brasil)

Covic, Amália Neide
    O aluno gravemente enfermo / Amália Neide Covic, Fabiana Aparecida
de Melo Oliveira. — São Paulo : Cortez, 2011. — (Coleção educação e
saúde ; v. 2)

    ISBN 978-85-249-1774-5

    1. Alunos hospitalizados — Educação 2. Crianças e adolescentes —
Cuidados hospitalares 3. Educação especial 4. Pacientes com câncer —
Educação 5. Pedagogia hospitalar 6. Professores — Formação profissional
7. Projeto Pedagógico Hospitalar Escolar Móvel I. Oliveira, Fabiana
Aparecida de Melo. II. Título. III. Série.

11-07047   CDD-371.9

Índices para catálogo sistemático:

1. Adolescentes e crianças gravemente enfermas : Atendimento escolar
    hospitalar : Projeto pedagógico : Educação especial   371.9
2. Crianças e adolescentes gravemente enfermas : Atendimento escolar
    hospitalar : Projeto pedagógico : Educação especial   371.9

Amália Neide Covic
Fabiana Aparecida de Melo Oliveira

O aluno gravemente enfermo

O ALUNO GRAVEMENTE ENFERMO
Amália Neide Covic e Fabiana Aparecida de Melo Oliveira

Capa: aeroestúdio
Preparação de originais: Ana Paula Luccisano
Revisão: Maria de Lourdes de Almeida
Composição: Linea Editora Ltda.
Coordenação editorial: Danilo A. Q. Morales

Nenhuma parte desta obra pode ser reproduzida ou duplicada sem autorização expressa das autoras e do editor.

© 2011 by Autoras

Direitos para esta edição
CORTEZ EDITORA
Rua Monte Alegre, 1074 – Perdizes
05014-001 – São Paulo – SP
Tel.: (11) 3864-0111   Fax: (11) 3864-4290
e-mail: cortez@cortezeditora.com.br
www.cortezeditora.com.br

Impresso no Brasil — julho de 2011

Sumário

Apresentação da Coleção 7

Prólogo 11

1. Origem do problema 19
   Onde fixar a câmera? 21

2. Como a questão tem sido tratada 31
   Escola móvel/aluno específico: uma possibilidade
   para o atendimento escolar hospitalar 33
   Era uma vez um tempo e um espaço esquecidos
   na escola 45

3. Como pensar e repensar a questão 53
   Produção científica brasileira acerca do atendimento
   escolar hospitalar: entre desafios e experiências 55
   Formação de professores: ensaio a partir da
   aprendizagem da docência 71

Currículo específico: algumas maneiras de pensar
a prática no cotidiano do atendimento
escolar hospitalar... 83

4. Conclusão.. 93

Educação, câncer e escolarização 95

Leituras fundamentais sobre o tema............................ 107

Referências bibliográficas... 113

Apresentação da Coleção

A Coleção Educação e Saúde tem por objetivo estabelecer diálogo entre pesquisadores do Programa de Pós-Graduação Educação e Saúde na Infância e na Adolescência, da Universidade Federal de São Paulo, e educadores e professores que atuam com crianças e adolescentes no âmbito da educação básica.

O conjunto de títulos que o leitor encontra nesta Coleção reúne investigadores cujas pesquisas e publicações abrangem de forma variada os temas infância e adolescência e que trazem, portanto, experiência acadêmica relacionada a questões que tocam direta e indiretamente o cotidiano das instituições educacionais, escolares e não escolares.

O diálogo entre os campos da Educação e Saúde tornou-se necessário à medida que os desafios educacionais presentes têm exigido cada vez mais o recurso da abordagem interdisciplinar, abordagem essa necessária para oferecer alternativas às tendências que segregam os chamados problemas de aprendizagem em explicações monolíticas.

A educação dos educadores exige esforços integradores e complementares para que a integridade física, social, emocional e intelectual de crianças e adolescentes com os quais lidamos diariamente não permaneça sendo abordada com reducionismos. Percebemos com frequência a circulação de diagnósticos que reduzem os chamados problemas educacionais a um processo de escolha única, sem alternativas integradoras.

Em relação aos chamados problemas educacionais, na maioria das vezes as opções formativas ou são devedoras de argumentos clínicos ou são devedoras de argumentos socioeconômicos, mas predominantemente esses universos são apresentados como realidades que não devem se comunicar, tornando a opção por um a imediata exclusão do outro.

As desvantagens pessoais e sociais de crianças e adolescentes estão diariamente desafiando professores e educadores em geral. Abordar de forma objetiva e integrada o complexo tema dos chamados problemas físicos, emocionais, intelectuais e sociais que manifestamente interferem na vida escolar de crianças e adolescentes é o desafio desta Coleção.

Esse desafio nos levou a trazer para a Coleção um repertório de temas que contempla os problemas sociais de alunos pobres; os chamados déficits de atenção; as várias formas de fracasso escolar; as deficiências em suas muitas faces; as marcas do corpo; a sexualidade; a diversidade sexual; a interação entre escola e família; a situação dos alunos gravemente enfermos; as muitas formas de violência contra a criança e entre crianças; os dramas da drogadição; os desafios da aquisição de linguagem; as questões ambientais e vários outros temas conexos que foram especialmente mobilizados para este projeto editorial.

A mobilização desses temas não foi aleatória. Resultou do processo de interação que o Programa tem mantido com as redes públicas de ensino de São Paulo. E tem sido justamente essa experiência a grande fiadora da certeza de que os problemas educacionais de crianças e adolescentes não são exclusivamente clínicos, nem exclusivamente sociais. Pensemos nisso.

Por isso, apresentamos a Coleção Educação e Saúde como quem responde a uma demanda muito consistente, que nos convida a compartilhar estudos sobre a infância com base naquilo que de mais rico a interdisciplinaridade tem a oferecer.

MARCOS CEZAR DE FREITAS

Coordenador da Coleção

Prólogo

*Supondo que o que fizemos esses anos todos
foi acumular aprendizados.*

Veicula-se neste livro a reflexão das autoras sobre o tema: atendimento escolar hospitalar ao adolescente e à criança gravemente enfermos. Busca-se conhecimento sobre o tema e, para tanto, divide-se com os leitores reflexões e tensões que não representam uma verdade insofismável. O livro não pretende impor uma conduta ou um modelo educacional para o processo de escolarização das crianças enfermas. Em cada capítulo propõem-se ramificações do tema, que em última análise é o pensar do homem e sua condição.

Este livro, portanto, procura deixar registradas as meditações e análises de suas autoras, isento de tentativas implícitas de persuasão, aberto às significações atribuídas por seus leitores. É um construto em progresso, imerso na certeza de que se enriquecerá com a leitura ativa de cada um de seus leitores. Suas reflexões visam ao homem e seu momento: especificamente enquanto criança gravemente enferma.

Também não pretende a segurança, pretende um espaço de liberdade onde possam trafegar ideias, sejam elas de assentimento, sejam elas de contradição. Abomina os hiatos que indicam ausência de oportunidades de expressão, quer aquela imensa vastidão em que os atos de linguagem se transformam em ações democráticas que buscam o consenso.

Assim, é proposta deste livro que ele próprio esteja em constante mutação, num rolar que impeça a cristalização das trocas possíveis entre autores e leitores. E, nesse rol de objetivos, enfatiza-se o mais despojado de todos em termos de egolatria: um convite à meditação, à análise e ao compartilhamento de ideias.

A escolha da estrutura formal deste livro também obedece às características peculiares de seu fulcro temático. O atendimento escolar hospitalar a crianças gravemente enfermas pressupõe uma visão diversa daquela elaborada para o espaço tradicional da sala de aula. É uma construção ímpar em função de espaço, tempo e ação diferenciados do cotidiano escolar ao qual estamos habituados. É uma arquitetura nova que temos de erigir no mesmo local onde antes existiam as estruturas do templo em que depositávamos os artigos de nossa fé pedagógica.

Como todo olhar novo sobre uma estrutura clássica, vislumbra espaços a serem preenchidos e nichos a serem ocupados. O significado do atendimento escolar hospitalar, no entanto, não pode ficar restrito ao equívoco de uma visão messiânica que, numa ação que deve ser eminentemente profissional, enxerga um caráter de "missão" na atuação do professor dentro das instituições de saúde. Outra armadilha a ser evitada é a que leva à afinidade por comiseração entre professor hospitalar/aluno-paciente, o que pressupõe sempre uma intervenção escolar calcada nos extremos da intensidade: menos do que o necessário, mais do que o desejável.

Dividir reflexões sobre "o possível e o necessário" no atendimento escolar hospitalar é o que demarca o caráter deste livro.

O pano de fundo, cenário das ações que ilustram empiricamente os capítulos, diz respeito à vivência das autoras com o grupo de professores da Escola Móvel/Aluno Específico, espaço escolar do Instituto de Oncologia Pediátrica — Grupo de Apoio ao Adolescente e à Criança com Câncer/Universidade Federal de São Paulo (Iop-Graacc-Unifesp).

Em 1990, o Iop-Graacc-Unifesp foi proposto pelo Dr. Antônio Sérgio Petrilli, pela Sra. Léa Della Casa Mingione e o Eng. Jacinto Antonio Guidolin. Tem como pressuposto uma aliança entre o setor público, o setor privado e a comunidade. Foi o primeiro hospital, na cidade de São Paulo, voltado exclusivamente a crianças e adolescentes com câncer. Em novembro de 1991, o grupo se organiza como entidade civil, sem fins lucrativos, com finalidades assistenciais, filantrópicas, beneficentes, educacionais, culturais e de pesquisa. Reconhecida como Utilidade Pública no âmbito municipal e federal, visa garantir à criança e ao adolescente com câncer, a partir do mais avançado padrão científico, o direito de alcançar todas as chances de cura com qualidade de vida.

A Escola Móvel/Aluno Específico (EMAE) atende aos pacientes do Iop-Graacc-Unifesp em suas necessidades educacionais tanto na fase intensiva de tratamento, como na de acompanhamento fora de tratamento. Após um período de um ano de trabalho e pesquisa junto às crianças e aos adolescentes em tratamento, no início de 2001 a Escola Móvel/Aluno Específico formalizou-se dentro da instituição. Assim, foi do trabalho objetivado em pesquisa, dos coordenadores da EMAE, Amália Neide Covic e Eduardo Kanemoto, que se explicitaram as características necessárias de um acompanhamento escolar hospitalar.

Desde o seu início, a coordenação da Escola Móvel preocupou-se em consolidar aspectos considerados indissociáveis: a intervenção pedagógica, a formação dos professores hospitalares, o atendimento às escolas de origem dos alunos hospitalares e a produção e sistematização de dados para pesquisa. Dada a fluidez da literatura existente sobre o tema e as disciplinas ainda incipientes nos cursos universitários de licenciatura, tornou-se evidente a necessidade de um processo formativo para os professores hospitalares. Dessa forma, concomitantemente às ações de intervenção escolar junto aos pacientes, estruturaram-se cursos de formação por meio de aulas de aprimoramento.

A par disso, construíram-se instrumentos de acompanhamento e registro do atendimento escolar hospitalar (fichas cadastrais, questionários, banco de dados, pastas individuais personalizadas). Tal instrumental permitiu não só a visualização do processo de desenvolvimento de cada um dos alunos-pacientes, como também uma relação objetiva com cada uma das escolas de origem. A produção de relatórios e material de esclarecimento, além dos contatos diretos por carta, telefone e e-mails, permitiram a incorporação geométrica de educadores às atividades efetuadas dentro da escola hospitalar, não se restringindo, portanto, aos professores imediatamente ligados ao aluno.

A constituição de uma equipe formada por coordenadores, professores hospitalares e voluntários do hospital alavancou o atendimento, o que permitiu contemplar todas as faixas de seriação escolar e alargou o espectro da faixa etária. Vale lembrar que tal salto só foi possível graças a uma opção estratégica decorrente dos objetivos da Escola Móvel: a de ter selecionado professores de todas as disciplinas do Ensino Fundamental e Médio, além daqueles da Educação Infantil.

Até aqui falamos do tema e do contexto, agora cabe uma apresentação das autoras. Eu, Amália, Física em minha graduação inicial e Pós-graduada em Educação-Currículo, nos textos

Onde fixar a câmera?, Escola Móvel/Aluno Específico e ainda Currículo específico escrevi sobre minhas diferentes aprendizagens no espaço hospitalar e acadêmico e estive a analisar situações, avaliar as possibilidades de transitar ao mesmo tempo em diferentes vieses das ciências. Por sua vez, em Era uma vez um tempo e um espaço esquecidos na escola, produzo uma proposta de pensar o tema multiprofissionalmente a partir da vivência como docente colaboradora da Pós-Graduação em Educação e Saúde do *campus* Guarulhos da Unifesp. Esses escritos híbridos têm o olhar de várias profissões pela inserção de falas das mestrandas produzidas, que foram por solicitações das atividades das aulas. A ideia, como colocado anteriormente, não é de síntese, mas no máximo de pôr, lado a lado, aprendizagens realizadas. Nesse sentido, em Formação de professores: ensaio a partir da aprendizagem da docência e em Educação, câncer e escolarização, apresento escritos que ressignificam as pesquisas realizadas, para a intencionalidade deste livro.

Para abordar as singularidades das pesquisas produzidas sobre classe hospitalar, pedagogia hospitalar, atendimento escolar hospitalar, entre outras terminologias atribuídas a esse espaço movediço que é o processo de escolarização dos alunos hospitalizados, convidei Fabiana, professora e coordenadora da Escola Móvel, graduada em Letras e Mestre em Educação. Atendendo a essa demanda, ela nos apresenta Produção científica brasileira acerca do atendimento escolar hospitalar: entre desafios e experiências.

Em termos de estruturação formal, a obra consubstancia-se nos seguintes capítulos: o primeiro Onde fixar a câmera?, em que se estabelece a origem do problema tematizado, por meio de uma reflexão sobre a Ciência e a Educação convergindo sobre o atendimento escolar hospitalar. Nos capítulos seguintes, Escola Móvel/Aluno Específico: *uma possibilidade para o atendimento escolar hospitalar* e Era uma vez um tempo e um espaço esquecidos na escola, procuramos demonstrar como a questão tem sido tratada. O primeiro intenciona percorrer o atendimento escolar hospitalar pelo olhar da teoria crítica da contemporaneidade, enquanto o outro trata das necessidades da intervenção relacionada ao processo de escolarização das crianças e dos adolescentes que passam por tratamento; para tanto, leva em conta os significados que pontuam as observações realizadas por um grupo de mestrandas em Saúde e Educação da Unifesp-Guarulhos. Os três textos seguintes são indicativos do como pensar e repensar a situação. Produção científica brasileira acerca do atendimento escolar hospitalar: entre desafios e experiências apresenta uma questão seminal instigante: O que é possível inferir, a partir da produção de conhecimento no âmbito da academia, sobre os desafios da prática docente e da própria institucionalização do atendimento escolar hospitalar em nosso país? Assim também Formação de professores: ensaio a partir da aprendizagem da docência com sua indagação provocativamente desencadeadora: Por que particularizar a formação para o espaço hospitalar? Em Currículo específico: algumas maneiras de pensar a prática no cotidiano do atendimento escolar hospitalar, sem pretender buscar um esgotamento do tema, elencam-se alguns aspectos que delimitam os fundamentos de uma leitura paralela entre o currículo estabelecido para cada aluno em tratamento e aquele abordado pelos Parâmetros Curriculares Nacionais. Nos dois últimos capítulos, os textos "educação, câncer e escolarização" e Leituras fundamentais sobre o tema, à guisa de conclusão, estabelece-se a interface entre Escolarização e Saúde, tendo como elemento aglutinador o câncer, seu tratamento e a pesquisa. Geralmente neste ponto aparecem os agradecimentos, temos uma lista imensa — marido, filho, colegas de profissão, orientadores, chefias, grupo de voluntários do

Graacc — deixaríamos alguém de fora... Optamos por dedicar este livro aos nossos alunos.

A todos os alunos que nos fizeram entender o real sentido da necessidade do "não se sentir nativo" tão essencial à pesquisa e ao atendimento escolar hospitalar.

1
ORIGEM DO PROBLEMA

Onde fixar a câmera?

Reflexões sobre o processo de atendimento escolar à criança e ao adolescente com câncer.

Aristóteles — e toda mecânica até Galileu — formulou o princípio da inércia. Cinco séculos antes de Cristo, um pensamento comum na China já dizia também da inércia: "a cessação de uma força é devido a outra oposta, se essa oposta não existisse a força não pararia" (Piaget e Garcia, 1987).

Esse enunciado, no Oriente, nunca foi considerado uma grande descoberta da ciência, muito ao contrário, está no rol das evidências da natureza. Diferentemente, no Ocidente, foi considerado uma descoberta, um fato para ser comprovado e refutado experimentalmente. Questões socioeconômicas, políticas, concepção de ciência e de mundo, de natureza humana, influenciam, sem dúvida, os diferentes rumos que toma a ciência. Refletimos aqui, mesmo que de forma sucinta, a relação concepção de mundo e a organização dos estudos nas diferentes ciências (Garcia, 2002).

O Oriente priorizou a mudança; nesse sentido, estudou processos específicos e suas relações. O Ocidente centrou seus estudos na permanência, estudou a matéria e suas estruturas e funcionamentos. Para os taoistas, a individualidade é o ponto de confluência das relações; para os tomistas, as totalidades são constituídas por elementos com individualidades próprias e as relações entre esses elementos geram objetos possíveis de serem estudados por leis, fórmulas, sínteses e análises.

A ciência se bifurcou, sem dúvida, mesmo que em tempos históricos distintos. Os processos históricos já vividos apresentam-nos pontos atingidos por uma ou outra forma de entendimento da realidade. A contemporaneidade propõe fixar a câmera na complementaridade, ou seja, a complexidade é o olhar sobre as questões em estudo pelo antagonismo de polaridades: a mudança e a permanência, a totalidade e a individualidade (Prigogine, 2009; Heisenberg, 2009). Assim, tem-se a sensação de que a pergunta sempre foi nem uma, nem outra, mas a coexistência.

O conhecimento em Educação e Saúde, principalmente em relação ao alunos considerados da "educação especial" e gravemente enfermos, também se dá entre o cruzamento de concepções e roteiros históricos.

De certa forma, o desenvolvimento de condições socioculturais para o atendimento à saúde da criança esteve ligado ao nascimento da ideia de infância. Ariès (1978) coloca a criança como sujeito histórico pelo viés do descaso às suas necessidades e aponta que tem início no século XVII a tomada de consciência sobre as peculiaridades da infância quanto à educação e ao seu papel na família. Escreve que a percepção sobre essas necessidades é mais bem notada na burguesia e aristocracia da época do que na sociedade rural.

Teyserre (1982), diferentemente de Ariès, argumenta que no século XVIII, a criança ainda não é abordada por ela mesmo como sujeito social de direitos e deveres, mas como o passado de um adulto. Assim, o olhar é prospectivo — pelo que ela virá a ser. O autor sugere motivos para que políticas públicas fossem conduzidas na época: as condições de saúde da população; sentido de civilidade por parte das ações sociais; domínio da ciência sobre o homem, principalmente o adulto. Instalou-se então a proposta de que todas as questões relacionadas à saúde das crianças e das mulheres grávidas deviam ser informadas e conduzidas pela medicina.

Mercier (1961), analisando a questão com a lente nas últimas duas décadas do século XVII, observa que o número de publicações sobre a infância aumenta em função principalmente do desenvolvimento demográfico, da mortalidade infantil e da preocupação dos políticos com o surgimento das grandes Nações. Tem início, na época, por quase toda a Europa, com a ajuda do clero e dos médicos, uma campanha de educação pública sobre saúde, higiene e moral. Médicos, em linguagem informal, escrevem manuais para a campanha. Esses textos, acrescidos das preocupações da época com as grandes epidemias, em síntese abordavam, como aqueles aristotélicos ou ainda os renascentistas, a vida longa dos governantes e do povo, o meio ambiente, a alimentação, o esforço/trabalho, o repouso, o sono/vigília, as excreções e secreções e as paixões da alma (Mercier, 1961; Nichols et al., 1991).

Philip Meyer revela que a importância dada à criança é um trabalho lento nas instituições gerenciadas pelo Estado. Segundo Foucault (1979), a formação do conceito de infância coincidiu com a profissionalização do médico, que foi acompanhada por uma política de saúde entre os anos de 1720 e 1800 e tem como elemento central a medicalização da família. Nesse processo, as escolas médicas passam a ter cadeiras sobre doenças femininas e infantis. Atualmente, em alguns países, nem todo curso de medicina tem a cadeira de Oncologia Pediátrica da Infância.

Até o final do século XVIII, a prática médica estava desassociada da instituição hospitalar. O hospital, em suas origens históricas, não exercia funções terapêuticas, mas era um local onde pessoas caridosas e religiosas acolhiam e abrigavam os excluídos da sociedade, como pobres, mulheres desamparadas, velhos e doentes crônicos, isolando-os do resto da população como forma de proteger a sociedade (Foucault, 1981).

Analisado pelo viés de Goffman (2007), os hospitais podem ser considerados instituições totais, ou seja, espaços onde circulam um grande número de pessoas que não necessariamente optaram por ali estar. Esses sujeitos têm restrições de contato com o mundo exterior à instituição hospitalar, os cuidados são em grande parte compostos por diretrizes previstas pela instituição, o contato entre os sujeitos é formal no convívio hospitalar, a instituição tem metas e quem ali circula faz parte dessas metas — tudo isto é constituinte de uma estrutura própria que se sobrepõe a quem dela participa.

Os diferentes momentos da história social da infância e adolescência foram pautados por concepções alternadamente ambíguas — entre o bem e o mal, a inocência e a impureza, a necessidade educacional estendida no tempo e a aprendizagem para controle da vida social, o direito ao brincar e a aprendizagem de ofícios, diferença de direitos à saúde e à educação em relação ao gênero. A vulnerabilidade e circularidade do trajeto, e a aceitação do papel educacional da instituição escola, põem, por fim, na contemporaneidade, a escola como um local privilegiado para o desenvolvimento das potencialidades das crianças e dos adolescentes.

Quando fixamos a câmera no atendimento escolar hospitalar à criança e ao adolescente com câncer, à proposta de complementaridade cabe uma pergunta: que escola é essa que responde às necessidades individuais de cada um, sem perder de vista a totalidade dos sujeitos que dela participam?

Apresentamos resultados de estudos que dizem respeito ao atendimento escolar dessas crianças (Covic, 2003; 2008); eles orientam nossas concepções de escola e de sujeitos deste tempo presente:

- Para as diversas neoplasias existe um período de muita ou completa ausência escolar, em função das vindas ao hospital ou impossibilidade física e/ou psicológica de frequência escolar nos dias em que não comparecem ao hospital. O tempo médio de ausência escolar, evidenciado por pesquisa, pode variar de quatro a 36 meses. Depende da neoplasia e do encaminhamento do tratamento.

- Pais e agente escolar optam por primeiro terminar o tratamento e depois voltar à escola. Isso implica, no mínimo, em média, dois anos de afastamento das atividades escolares.

- A escolaridade é assumida pelo aluno, quando a família aceita a continuidade dos estudos durante o período de tratamento com quimioterapia ou radioterapia.

- O envolvimento da escola de origem do aluno/paciente com as questões relativas à inclusão escolar é elemento facilitador de permanência e continuidade dos estudos, durante o período de tratamento com quimioterapia ou radioterapia.

- No Instituto de Oncologia Pediátrica, onde em 2010 a média de atendimento escolar hospitalar mensal foi de 220 alunos, a pesquisa de vaga e matrícula escolar, durante o período de tratamento, é em média 52% realizada pelo professor hospitalar. As demais são realizadas por familiares do aluno/paciente. Ou seja, na ausência dessa prestação de serviço hospitalar, essa porcentagem de alunos fica sem vínculo escolar.

- Ausência de profissionais da educação formados que deem conta do atendimento.
- Ausência de estrutura escolar concreta de inclusão escolar, tais como: acomodação da sala de aula, material pedagógico diferenciado.
- No início do Projeto de Intervenção Escolar Hospitalar no Iop-Graacc-Unifesp, 46% dos pacientes em idade escolar, entrevistados em abril e maio de 2000, não estavam matriculados. Após o período de intervenção, ao longo da última década, essa porcentagem é de 7% no final do ano letivo e 2% no início do ano letivo. Justifica a variação, principalmente o fato que uma porcentagem de alunos, ao iniciarem o tratamento, no segundo semestre, não estão matriculados e isso é irreversível em termos de matrícula escolar.
- Os pacientes apresentam ansiedade e medo de serem rejeitados e humilhados pelos amigos.
- Faltas escolares contínuas em razão do medo dos pais em permitirem que seus filhos retornem à escola.
- "Fobia escolar", causada pela ansiedade da separação familiar ou de pessoas que possam desenvolver um papel protetor, uma vez que viveram situações de morte precoce.

Processos naturais, como a vida, em sistemas abertos e em trocas com o meio, podem promover situações de ordenação da realidade. Igualmente esses alunos, quando atendidos adequadamente — orientados e esclarecidos — em suas necessidades para escolarização, podendo selecionar o que é relevante para eles, optam por estudar. É considerada necessidade para escolarização: o direito à matrícula escolar, o direito ao currículo específico em função das características do seu estado clínico, das suas peculiaridades e não um currículo de exigências parciais ou mínimas por comiseração.

Afirmamos que a escola que atenda a essa demanda não está posta, no entanto, compreendemos que possa acontecer com um processo de aprendizagem por ressignificação de seus espaços, tempos, horizontes, concepções, posições e formação. Ressignificar, compreendido aqui, como o processo criativo de atribuir novos significados a partir daquele já conhecido, validando um novo olhar sobre o contexto em que o sujeito está imerso. Em termos mais concretos, nessa ação temos o moto mudança/permanência.

Mesmo em um sistema de hospital/dia, onde a pressão sobre a individualidade de cada um é minimizada, as crianças e os adolescentes em tratamento oncológico passam parte de suas vidas a comparecer no hospital periodicamente. Não podem por vontade própria deixar de comparecer ao hospital ou, ainda, de seguir o prescrito pelo tratamento, já que a participação em um protocolo clínico impõe compromisso e adesão.

A rotina que agora seguem, prevalece sobre a que anteriormente possuíam e, após o tratamento, retornar ao cotidiano, como indica a literatura, não é um processo tranquilo de ser perseguido. O que se coloca é que alunos-pacientes oncológicos, que durante um período de suas vidas passaram por tratamento clínico prolongado, têm dificuldade de retorno à vida escolar; esta afirmação constante na literatura exige uma busca contínua de adequação de uma cultura escolar e hospitalar às necessidades dos alunos e também o outro ângulo de visão da questão: os modos de conhecer dos alunos às necessidades dessa cultura (Pui, 1994; Young, 1975).

Caracterizam essa difícil reinserção, entre outros, problemas de adaptação à rotina escolar, de acompanhamento do ritmo das diferentes aprendizagens, de aceitação social, de comprometimento da autoestima, de alterações psicológicas e os de natureza específica das aprendizagens, como dificuldades de leitura e escrita, de localização tempo e espaço, de resolução de problemas relacionados com a transposição das diversas linguagens. Por tudo isso, existe na literatura a indicação de acompanhamentos dos alunos-pacientes ao longo da vida escolar, até que alcancem a autonomia social e educacional.

É a partir da década de 1980 que o tratamento oncológico da criança e do adulto jovem tem significativo avanço, quando então cresce a expectativa de vida e um maior número de crianças retorna à escola após o tratamento. Tem também início no Brasil a formação de médicos residentes nessa especialidade, para que um grupo clínico possa então, nas diferentes regiões do Brasil, conduzir protocolos de atendimento, diagnóstico e encaminhamentos necessários.

Histórica e socialmente não era comum, nessa década, no ambiente escolar, um estudo multidisciplinar das questões relacionadas ao ensino e à aprendizagem desses alunos, julgava-se o problema exterior aos muros da escola. As crianças e os adolescentes eram atendidos por uma série de profissionais da área da Saúde e da Educação: fonoaudiólogo, psicopedagogo, psicólogo, neurologista, fisioterapeuta, professores de acompanhamento escolar. Nos casos mais específicos, eram encaminhados para classes ou escolas especiais. Cada profissional produzia o seu diagnóstico e procedimento de tratamento, independentemente da cultura escolar vigente. Não atuavam como mediadores de seus pacientes e suas escolas de origem (Petrilli, 2000).

Justifica-se assim a ausência de registros dos agentes escolares diretamente envolvidos nas relações aluno/escolaridade, do impacto do tratamento prolongado e da doença em si no processo de escolarização desses alunos. Em revisão da literatura internacional, um estudo de revisão que aborda 580 artigos publicados em língua inglesa, do período de janeiro de 1981 a março de 2000, descreve que o grupo de crianças e adolescentes em tratamento de câncer da infância pode desenvolver sérios efeitos tardios, e a ocorrência se dá ao longo de vários anos (Vance e Eiser, 2002).

Esses efeitos afetam vários órgãos e sistemas, especialmente o sistema nervoso central e a área do comportamento. Determinados tipos de quimioterapia, principalmente as que são administradas de forma intratecal com objetivo de profilaxia ou tratamento do sistema nervoso central, radioterapia de crânio e/ou na medula, e cirurgias mutiladoras do cérebro são as principais causas de problemas de aprendizagem, memória, dificuldade de concentração e diminuição da habilidade de realizar atividades escolares com a autonomia esperada para a idade. Ainda são relatados sintomas como fadiga, problemas auditivos, visuais e motores que dificultam a inserção e o bom andamento escolar.

Estamos com isso querendo dizer que o grupo de crianças e adolescentes com alta clínica do tratamento do câncer pode ser considerado um grupo que requer estudos sistemáticos do seu processo de escolarização durante e após o período de tratamento.

Vem ao encontro dessa necessidade as deliberações de Salamanca (1994), que buscaram refletir as novas políticas públicas de inclusão do século XXI e reforçar o espaço escolar como uma das principais fontes de relações sociais e educacionais. Esse espaço pode ser entendido, como sugere Giddens (1991), pelas suas dimensões: *intelectual*, como capacitação para entender o mundo; *de força de trabalho*, que necessita ter uma orientação mais cosmopolita; e *emocional*, a de sentir-se um ator social que interage e interfere no mundo.

Estudos, ainda que iniciais, são propostos como subsídios e ideias para a elaboração de propostas pedagógicas em contextos hospitalares, como também contribuir para a formação de educadores em ambientes diversos das salas de aula tradicionais (Covic, 2008; Imbernón, 2001).

Uma das possibilidades para compreensão dos eventos do dia a dia hospitalar está na ideia sugerida pela óptica dos processos irreversíveis, qual seja, a função cria a estrutura, dessa forma o período de tratamento passa a ser analisado como um sistema longe do equilíbrio, e como tal, adquire novas propriedades, mas nunca está isolado, e é sempre submetido a fortes condicionantes externos. Com isso, abarca-se a proposta de complementaridade que se apresenta nas relações do professor com seus alunos hospitalares, com o contexto hospitalar e consigo mesmo, enquanto profissional em constante formação (Prigogine, 1996).

Com a câmera no círculo mágico de nossa linguagem, construímos leituras dos processos de reflexão que fazem parte da ação docente com um grupo de alunos-pacientes neoplásicos, com a certeza de que outras tantas considerações e outros tantos encaminhamentos são necessários.

2
COMO A QUESTÃO TEM SIDO TRATADA

Escola móvel/aluno específico:
uma possibilidade para o atendimento escolar hospitalar

Uma possível abordagem da instituição escola pode ocorrer por enfoques explicativos e, nesse sentido, analisada nas suas perspectivas macroestruturais, avizinha-se das questões políticas e econômicas que movem as instituições. Outra possibilidade é pensar a escola nos espaços geográfico, histórico e social, assim ligada aos processos de análise de sujeitos determinados por sua história.

Entendemos com Kant, Hegel e Marx que liberdade, autonomia, direitos/deveres humanos, progresso, entre outras concepções, são cada vez mais indeterminadas e explicadas por inúmeras frentes de argumentos e refutações.

Neste livro, o que nos orienta é o terreno fragmentado da prática simbólica, dessa forma, a intencionalidade é percorrer a escola, nomeadamente o atendimento escolar hospitalar, pelo olhar da teoria crítica da contemporaneidade nas entranhas em que se realizam as práticas simbólicas que organizam o social e as suas expressividades. Ou seja, situamos os sujeitos escolares e suas práticas — alunos, professores, pais e comunidade hospitalar — e com isso o caráter educativo do simbólico, que como processo, realiza-se em todo espaço do hospital. A prática é então técnica, normativa, social, estética, tudo ao mesmo tempo. Apoia-se nas análises, mesmo que iniciais e daí distorcidas, das comunicações com as comunidades da Educação e da Saúde (Habermas, 2003 e 2004; Covic, Petrilli e Kanemoto, 2004).

Com esse caráter simbólico da prática educativa, chegamos ao entendimento de que a escola social e historicamente estabelecida, na forma como se organiza, não comporta as necessidades da escola hospitalar, assim é necessário reconfigurá-la em sua estrutura. Por outro lado, o atendimento escolar hospitalar não se distancia do caráter escolar: freirianamente assumimos a originalidade com base em novos usos de elementos conhecidos (Freire, 1980). Para tal, não se divorcia das três dimensões fundamentais da vida humana: trabalho, norma e poder.

Com esse olhar multifacetado da realidade e as dimensões consideradas fundamentais porque são constituintes do atendimento escolar hospitalar, passamos a especificá-los.

A dimensão do **trabalho** é entendida como uma ação instrumental orientada por conhecimentos técnicos dos saberes escolares que contribuem com a sustentação do atendimento escolar hospitalar. Explicita-se: é por meio do estudo analítico do empírico desse conhecimento que emergem informações acerca dos elementos de controle que possibilitam à ação instrumentalizadora do atendimento escolar em hospitais circular nos diferentes espaços da Educação e da Saúde. Por exemplo: conhecimento das neoplasias da infância e do adulto jovem a fim de que o tempo escolar e o tempo de tratamento sejam compatibilizados; contato com a escola de origem a fim de que as questões de ensino e de aprendizagem que se apresentem possam ser socializadas e em conjunto encaminhadas; registro sistemático dos atendimentos escolares realizados nos diferentes espaços do hospital, a fim de que o processo de ensino e de aprendizagem seja compreendido; registro das ações escolares a fim de que a aprendizagem da docência seja refletida pelo grupo nas suas relações consigo mesmo e com a comunidade hospitalar (Covic, 2003).

Com esse pensar empírico-analítico formamos o conjunto trabalho-técnica-informação que, ao circular nas comunidades da Educação e da Saúde, provoca o entendimento de que não é possível configurar modos, tempos e espaços das diferentes aprendizagens. O *a priori* e o histórico estão postos ao mesmo tempo.

É *a priori*, porque as ações de ensino e aprendizagem no interior do atendimento escolar hospitalar organizam todas as suas experiências, como anteriormente observado, a partir da situação em que se apresentam, antes assim de qualquer outra ação concreta já estabelecida. É histórica porque se constitui em uma ação básica do humano, qual seja, autoconstitui-se e se reproduz na história.

Quanto à dimensão da **norma**, ela é entendida como elemento constituinte do mundo social, orientada pelo caráter dinâmico das estruturas do social que se encontram presentes nas esferas escolar e hospitalar. Esse caráter provoca situações de conflitos relacionados com ações de campos distintos dos saberes já estabelecidos. O referencial de orientação não são teorias do mundo exterior, como no caso da dimensão do trabalho, mas práticas em que os sujeitos buscam interpretar, explicar, afirmar, justificar a aceitação ou a recusa de uma norma ou ainda a alteração dessa norma (Habermas, 1987a e b).

Quando, em interação, os sujeitos, ao se perguntarem sobre o que é justo, fazem uso da razão prática e buscam regular a situação de conflitos que se apresentam. Rompem com as tradições e com as certezas ingênuas do mundo social no qual circulam. A partir dessa ruptura, as interações libertam-se de seu caráter local e historicamente dado e tornam-se particularmente abstratas. Desaparecem as convenções e o caráter transitório e histórico que motivaram o agir. Nesse momento, a atitude adotada pelos envolvidos nas ações é de crítica frente às normas, com as quais os membros do grupo desempenham expectativa de comportamento social.

Os interlocutores, ao questionarem os valores do mundo social nativo, não realizam apenas um ato individual, embora este seja sem dúvida um dos seus componentes, mas vivenciam uma situação de conflito na qual todos os envolvidos buscam a criação de novas situações normatizadas, alterada assim pelo grupo a partir da crítica.

Os alunos e os professores, no contexto hospitalar, vivem situações-limite: ausência de amigos, rotina alterada, ocorrência de processos invasivos e a possibilidade repentina de morte. Assim, alterar uma norma, e construir um currículo específico para cada aluno em tratamento, sem vínculos com a escola de origem, pode ser encarada a princípio como mais uma instabilidade, uma situação ameaçadora. Seguir com ela é igualmente instável, uma vez que afeta as necessidades locais dos alunos. Ao transcender à norma, o grupo que promove o atendimento escolar hospitalar dá vez à reestruturação da norma-adaptação.

O conjunto norma-adaptação-crítica constitui o enfoque normatizador da realidade e este, por sua vez, orienta o estabelecimento de relações interpessoais que possibilitam abertura de novos processos de normatização.

A dimensão do **poder**, como ação transformadora, pela categoria entendimento, apreende os fenômenos em seus movimentos e em suas relações com a realidade, com isso — o entendimento —, possibilita a emancipação dos sujeitos envolvidos no atendimento escolar hospitalar sem a perda dos vínculos com a comunidade escolar e a hospitalar.

Nesse contorno, a questão do "pertencimento ao contexto" não necessariamente fica mais maleável, contudo a expressividade do entendimento o torna mais fácil de ser explicitado. Ou seja, ao estruturarem os seus conhecimentos de ensino, os professores e as professoras intencionam apreender o meio e, nesse sentido, todos são agora nativos daquele espaço (sujeitos, suas ações e seus conhecimentos).

Ao conjunto: poder-emancipação-transformação tem-se subjacente a orientação praxiológica do atendimento escolar hospitalar. A significação implícita é da ação-reflexão sobre a realidade, envolvendo uma transformação. Essa reflexão liberta o sujeito dos condicionantes e permite criar e recriar suas possibilidades (Covic, 2008).

A linguagem, entendida como ação que auxilia a compreensão da intersubjetividade dos sujeitos envolvidos, circula habermasianamente por essas três dimensões e, com ela, a busca de consenso com respeito aos possíveis significados dessas ações. Os elementos teóricos passam assim a ser entendidos como processos de formação e de aprendizagem e não como teóricos iluministas ou práticas descontextualizadas (Popekewitz, 1980; Habermas, 2002a).

Por meio do estudo hermenêutico da linguagem que circula na comunidade hospitalar, emerge de que maneira os envolvidos conseguem tornar compreensíveis discursos estranhos às suas formações e também repletos de situações adversas às formas tradicionais de ensino e aprendizagem.

Com o pensar hermenêutico, formamos o conjunto linguagem-consenso-entendimento, com o qual se tem acesso à compreensão dos símbolos que inventamos para comunicar significados e interpretar os eventos de nosso dia a dia; para tanto, procuramos afastarmo-nos da sensação de familiaridade que possuímos com escola e com sala de aula, pensando em quão diferentemente se apresentaram em diversas sociedades e épocas: a praça pública, os pátios residenciais, a casa do mestre, o palácio, o mosteiro e, enfim, a sala de aula institucionalizada.

Problematizamos, hermeneuticamente, o campo de ação do atendimento escolar hospitalar; ao circularmos pelo hospital, ao conversarmos com a comunidade — mães, alunos e profissionais —, aguardávamos o que o lugar tinha a nos dizer, para que ali um atendimento escolar hospitalar encontrasse possibilidade de existência. Emergiram as categorias: *lugar* e *conhecimento*. Emprestamos da argumentação acerca da categoria lugar uma significação para Escola Móvel e da categoria conhecimento, para Aluno Específico. Sinteticamente contextualizamos, para depois argumentar sobre a construção: Escola Móvel/Aluno Específico, de tal modo que uma impõe considerações sobre a outra.

Até o século VI, na chamada educação antiga, as atividades de ensino e aprendizagem eram reservadas praticamente às esferas familiar e religiosa. Já com a proeminência das escolas eclesiásticas, no século VI, e consequente degradação da escola antiga, há o abandono da leitura dos poetas clássicos e um direcionamento para a leitura da Bíblia e dos Salmos, em que a linguagem popular, dado os objetivos evangelizadores, predominava em detrimento da retórica. Esse processo de sacralização do ensino, a partir do triunfo das escolas eclesiásticas, orientou a organização e a disciplina escolar nos moldes monásticos. Processo esse que repercutiu nas atividades de ensino. Sem divisão dos alunos por classes, as aulas ocorriam, na maior parte das vezes, na própria casa do aluno, havendo em muitos lugares um estreito vínculo entre mestre e discípulo, similar a uma relação pai e filho.

Com o desenvolvimento das cidades e o crescimento demográfico e urbano, houve um impulso nas atividades econômicas e uma consequente necessidade de pessoal qualificado, buscando-se então uma maior sistematização dessas novas atividades. A escola com propostas de racionalização do ensino contribui para essa necessidade econômica (Bowen, 1992; Verger, 1990).

No que se refere à sala de aula, no século XIII os professores ensinavam para alunos agrupados, sem qualquer critério e muitas vezes sentados em montes de feno. As aulas ocorriam ao acaso e onde era possível: na sala de um convento ou na nave de uma igreja, em salas alugadas ou emprestadas ou, ainda, na casa dos professores (Verger, 1990).

Já em torno do século XV, período de aristocratização das escolas, elas passam a adotar os valores da nobreza como o luxo e a pompa. Passou a existir a preocupação com o lugar, com isto se modifica a relação entre o professor, o aluno e os ensinamentos. Com a opção por ambientes majestosos, a sala de aula adotou um caráter de cerimonial: os estudantes sentavam-se em bancos e a primeira fila era reservada aos nobres; o professor, distante dos discípulos, ocupava o espaço da cátedra (Verger, 1990).

Podemos considerar que, desde então, institucionalizou-se a sala de aula em relação ao espaço de ensino e aprendizagem. Ou seja, tudo indica a interdependência entre espaço, relações nele desenvolvidas, rituais e linhas de pensamento acerca de tudo o que ocorre nas escolas.

A leitura anterior permite observar mudanças referentes à criação de um espaço específico para a aula ocorrer, onde existe a adoção de signos de ritualização e alteração das relações hierárquicas que marcam fortemente as posições.

O espaço tradicional das salas de aula dos alunos hospitalares, em suas escolas de origem, é restrito, assim como seu público, é predeterminado. Além disso, a sala de aula apresenta um caráter de publicidade e privacidade, o que ocorre em sala de aula se dá normalmente a portas fechadas. No entanto, ele também pode ser público, porque os acontecimentos facilmente extravasam o ambiente, através de comentários de ambas as partes e mais notadamente quando da ocorrência de conflitos.

A sala de aula no Iop-Graacc-Unifesp não tem paredes, não tem portas, pode ser uma mesa da brinquedoteca, um sofá da sala de espera ou o leito do hospital. Tudo depende de onde a criança/adolescente está e de que melhor maneira se acomoda. As condições do meio, tais como: as características do atendimento ambulatorial, as rotinas dos procedimentos clínicos, a imprevisibilidade da interferência do tratamento na escolarização, propuseram a solução.

Nesse espaço assim interpretado, a compreensão dos eventos do dia a dia por meio do processo dialógico-consensual orientou, além das ações no sentido do diálogo com pais, comunidade hospitalar e escola, uma reconceitualização de nossa formação.

Com os pais esclarecemos o currículo desenvolvido, informamos sobre a viabilidade de se estudar no período do tratamento tanto no hospital, em casa ou na escola de origem. Quando o aluno, em período de tratamento, não está frequentando a escola de origem, solicitamos aos pais que compareçam às reuniões a fim de que um intercâmbio de informações seja estabelecido, os vínculos anteriores à doença sejam revividos e o repensar a volta às aulas seja efetuado fora do círculo hospital/residência.

Com a comunidade hospitalar solicitamos esclarecimento do quadro clínico do aluno e dos procedimentos técnicos que ele viverá, esclarecemos e estabelecemos consenso sobre o retorno à escola de origem.

Com a escola encaminhamos orientação sobre o que é o câncer, o estado clínico do aluno visando aos aspectos educacionais; quando necessário, buscamos um denominador comum entre o currículo exigido e o possível, sendo este último um currículo dos conteúdos escolares que circula nas diferentes disciplinas. A fim de que a criança/adolescente não se perceba em atraso em relação aos demais e também se prepare para o regresso ao dia a dia escolar, independentemente do tempo de afastamento, orientamos no sentido da importância da presença escolar durante o tratamento. Isso tem se mostrado significativo para que os alunos sejam aceitos, suas escolas apreendam sobre o câncer e para que possibilidades de processos de escolarização ocorram.

Fomos aprendendo a conviver com: os procedimentos médicos ao nosso redor, os efeitos da radioterapia e quimioterapia, os horários de consultas, a transparência das ações, das relações, dos objetivos, a não relativização da doença e a inserção dela no processo de atendimento escolar hospitalar, a necessidade de resolver as questões com as quais nos formamos e pensar sobre os efeitos de nossas ações sobre os outros, levando em conta o crescimento pessoal e social de nossos alunos.

Ocupamo-nos agora da categoria **conhecimento** e com ela a significação da construção Aluno Específico. Quanto aos fins do conhecimento abordado com os alunos em atendimento escolar hospitalar, de um lado, ao final do período de tratamento, existem solicitações com propósitos utilitários visando às demandas dos empregos; do outro, durante o tratamento, as propostas relativizadoras aproximam as abordagens a um território cultural desértico. Limitam-se tanto por um, como por outro, matizes da cultura, enquanto componentes de ensino (Apple, 2000).

Os sistemas, em geral, têm por hábito cobrar mais da educação do que de outros setores sociais. A medicina não é questionada por perseguir a cura; a hipertensão, por exemplo, até o momento, é controlada com uma medicação específica e dieta. Quando a intervenção cessa, a hipertensão volta.

Trazemos isso para o debate, pois existem casos em que o aluno-paciente, para apreender os conhecimentos veiculados nas escolas, necessita de constante acompanhamento concomitantemente ao da escola de origem a fim de que possa situar-se em relação ao currículo desenvolvido. Essa situação é entendida, tanto pela Educação como pela Saúde, como ausência de autonomia. O mesmo acontece com as necessidades de flexibilização dos componentes curriculares.

Entendemos que o conhecimento que circula no atendimento escolar hospitalar navega sobre históricos de auto-organização e, no caso de superação de uma estrutura do conhecimento por outra ampliada, o superado é integrado no superante, o que permite a continuidade do saber. Essa atividade é estrutural, assim, específica de cada sujeito. As demandas do currículo específico nascem do cotidiano hospitalar e visa atender àquele momento. Com isso, dizemos que a busca de autonomia é, para nós, o percurso entre uma estrutura e outra desse acoplamento.

Acreditamos que ao manter intacta determinada cultura ou relativizar a doença, criam-se novas dependências, cerceiam-se possibilidades de crescimento individual. Passamos então a cuidar do problema no presente acreditando que esse cuidar produz mudanças e estas podem compor possibilidades de trajetórias de vida. Para tanto, não pensamos em um vale-tudo pedagógico que fosse justificado pelos aportes da inclusão, mas em um currículo que abarque conhecimentos próximos aos alunos e que possibilite a eles criar e desenvolver suas potencialidades no presente.

Formamos um grupo de intervenção escolar hospitalar, existe assim uma necessidade intrínseca de entendimento do movimento de nossa atuação. Naquele espaço não havia escola, nós não estávamos lá, somos os estrangeiros, talvez não queiramos estar, talvez queiramos construir sentidos, em uma exploração sempre inconclusa.

A Escola Hospitalar: Escola Móvel/Aluno Específico é uma construção de sentidos, ela ocupa na Educação um espaço etéreo. Somos senhores de nossas próprias construções, logo navegantes solitários. As questões não são as mesmas, somos estrangeiros no espaço da Educação e da Saúde, mas sabemos que não construímos formações, pesquisas, atendimentos educacionais da mesma forma como se constrói tradicionalmente em Educação. Ser o estrangeiro nos deu a dimensão da necessidade.

Somos, no que diz respeito à Educação, novos no espaço hospitalar. Nossos alunos e seus familiares acabaram de penetrar nesta escola. Suas escolas de origem também. O Velho diluiu-se. A criança e o adolescente, com câncer, emancipam-se da sua escolaridade convencional, de seu mundo, e são mantidos artificialmente em outro.

Essa escola é uma atividade artificial pela suspensão das relações, dos vínculos, e o convívio com esse real incerto. Caminhamos com os alunos pelo sistema artificialmente mantido, sabendo que ele versa sobre extremidades, como também ficamos com aquilo que flui no intervalo, sabendo que ele se apresenta sempre como tendência.

Por fim, ao aproximarmos poder de linguagem, pretendeu-se incluir na busca de consenso para a atuação na escola hospitalar a interferência das instituições nas ações e, nesse sentido, colocar à crítica a compreensão que a dominação institucional pode provocar nas ações escolares.

> Na qualidade de participantes do diálogo abrangente compusemos um texto híbrido — falou-se de elementos que compõem a Escola Hospitalar muito mais com o intuito de ser o fermento para outras reflexões do que o alimento.

Era uma vez um tempo e um espaço esquecidos na escola

Intenciono incluir, neste ensaio, significações que pontuam as observações realizadas por um grupo de mestrandas[1] em Saúde e Educação da Unifesp-Guarulhos. Dizem respeito às necessidades da intervenção relacionada ao processo de escolarização das crianças e dos adolescentes que passam pelo tratamento oncológico.

A significação referida perpassa pelo viés profissional de cada uma das pós-graduandas. Já as observações respondem às solicitações das atividades do Seminário de Estudos Avançados sobre a Escolarização de Crianças e Adolescentes Gravemente Enfermos.

---

1. Contexto: o curso de Pós-Graduação em Educação e Saúde do *campus* Guarulhos da Unifesp tem no rol de sua constituição um grupo de disciplinas e de seminários, entre eles: Seminário de Estudos Avançados sobre a Escolarização de Crianças e Adolescentes Gravemente Enfermos. Participam desse seminário as mestrandas: Clarice Soares Carvalhosa, Greicy Peretti, Juliana Duarte Carvalho, Júnia Aparecida Laia da Mata, Katerina Volcov, Solange Dias Almeida, Vera Lucia Lima L. Coloneli, Vitoria Tiemi Shimizu, Zilma de Cássia S. S. da Silva. O grupo é multiprofissional, com formação inicial em Nutrição, Psicologia, Pedagogia, Enfermagem e outras. Os elementos em itálico são reflexões produzidas pelo grupo, a partir das atividades solicitadas nos seminários.

As atividades têm caráter de devolutiva das leituras e visitas de campo ao Iop-Graacc-Unifesp, que foram solicitadas para o acompanhamento de sete seminários. Nos seminários, foram discutidos temas como: processo de escolarização, tempo, lugar/espaço, profissionalização para a educação e a saúde, disciplina-ridade em educação e saúde e a contribuição das várias profissões presentes no ambiente hospitalar para o processo de escolarização de crianças e adolescentes que realizam tratamentos prolongados.

Para o grupo, escolarização é toda ação que torna escolar aquilo que diz respeito à educação, não só conteúdos sistemati-zados sócio e historicamente pela ciência, como também as re-lações com o saber, o tempo e o espaço. Se o processo de esco-larização materializa-se por diferentes vieses, pode ser percebido em um sentido como histórico e, como tal, leva tempo munda-no para se estabelecer; e em outro sentido, se entendido como um conjunto de aspectos institucionalizados, apresenta forte tendência normativa. Em ambos os casos, implica relações pou-co flexibilizadas (Freitas, 2009).

Histórica, social e politicamente se estabeleceu um padrão esperado de escolarização, no qual conteúdos, métodos, avalia-ções, condutas, relações e tempos compõem um currículo de escolaridade que atua como um sistema que propõe modos, padrões de aprendizagens e de comportamentos sociais (Freitas, 2009).

Dito isto e trazendo para este espaço do texto o seu título, Era uma vez um tempo e um espaço esquecidos na escola, como os espelhos dos contos de fadas metaforicamente explicitam, com o título proponho a preocupação formativa para com o grupo: como significar processos de escolarização em espaços diversos da sala de aula escolar, a partir do espaço formativo disciplinar das mestrandas em um curso de mestrado em Saúde e Educação?

As leituras indicadas nos seminários trouxeram à reflexão curriculistas da vertente crítica contemporânea, ou a eles epistemologicamente conexos, e autores que contemplam a história do desenvolvimento da ciência e do pensamento científico. Falo, entre outros, de Ilya Prigogine, Werner Heisenberg, Michael Apple e Michael Young.

Com esse inventário de leituras e direção das atividades em campo, objetivo em relação à formação do grupo de mestrandas a interpretação do tema Educação e Saúde, no que concerne ao atendimento escolar hospitalar às crianças gravemente enfermas.

Das temáticas propostas nos seminários, ocupo-me neste texto: lugar/espaço e tempo. Didaticamente, em um primeiro momento, falo de crenças, valores e concepções das mestrandas sobre os temas em estudo, depois dos elementos vivenciados por elas no espaço hospitalar e, por fim, a mediação entre eles.

Crenças, valores e concepções

Ao experienciarem caminhar pela quimioteca e brinquedoteca hospitalar, as mestrandas pontuam que, por vezes, caminham por lugares onde tudo se localiza de forma estável, *"trazem com isso a ideia de ambiente físico, contendo elementos e contextos próprios que o situam e o definem"*. Nesse momento, percebem o hospital enquanto local da saúde *"em que a criança passará grande parte do seu tempo, dificultando ou até impossibilitando-a de frequentar a Escola"*. Explicitam: *"uma das dimensões da reflexão sobre a escolarização da criança gravemente enferma se dá pela compreensão de que o hospital é um lugar de promoção da saúde no qual o doente busca um diagnóstico, um tratamento e a cura para o seu mal. É um lugar representado por sua estrutura hospitalar, pelas salas de consulta, os quartos, as enfermeiras, os médicos, as injeções, elementos próprios de um hospital"*. Nada do observado, mesmo que colorido e arquitetonicamente construído para a infância, nesse momento, diz respeito ao escolar (Certeau, 1994; Silva, 2000).

Por vezes, percebem o hospital como espaço, enquanto *"construção sócio-histórica porque se relaciona com a experiência com-e-no-mundo, são assim certeaurianamente um lugar praticado, e aí uma possibilidade para a escolarização. A criança gravemente enferma terá no hospital, e não na escola, um espaço onde passará a maior parte do seu tempo, esse entendimento permite que haja a possibilidade de criar processos de escolarização dentro do lugar hospitalar"*. Significam assim que existe uma não escola tradicional no hospital, que o processo de escolarização é representado por uma relação de cunho escolar entre os sujeitos — alunos, professores e equipe de saúde e de pais (Freitas, 2009; Silva, 2000).

Vivências

A propósito da atividade em campo, uma das tarefas foi fotografar "algo" que remetesse ao significado de escolarização. *"Primeiramente cada integrante do curso realizou um percurso individual pelo hospital e anotou categorias: lápis, carteira, fantasias, jogos, tesoura, cola, régua, interação social entre os sujeitos presentes. As integrantes observaram mudanças e dúvidas na escolha das fotos porque o lugar é o hospital e o espaço é criado na dinâmica onde se dá a escolarização"*. Existe uma alternância de significação, em que uma não anula a outra, sendo que alunos hospitalares e professores fazem parte desse jogo simbólico. Existe uma profunda diferença entre os saberes veiculados na interação professor/aluno hospitalar e professor/aluno na escola de origem. Na primeira interação, os saberes são relativizados pela situação do momento (conhecimentos, interesses e condições do aluno); na segunda, a relativização perpassa pela instituição escola.

O grupo sente necessidade de preencher suas intencionalidades vazias, já que nunca haviam estado naquele espaço, para tal põe entre colchetes suas observações e argumenta: *"a questão vai além de levar uma estrutura escolar para o hospital, ou seja, construir uma sala para a escolarização, introduzir a materialidade e toda a forma escolar padrão";* paradoxalmente percebem a escolarização pela não escola tradicional praticada no hospital (Heidegger, 1981; Prigogine, 2009).

Em outro momento, em conjunto, as mestrandas optam pela foto de um paciente fazendo quimioterapia com o professor ao lado. *"Sabíamos, pelo crachá, que o rapaz era um professor e isso facilitou o processo de entendimento do que se poderia dizer-observar-nomear como escolarização."* A foto trazia elementos relacionados à forma escolar, incluindo sua materialidade, objetos (lápis, caderno, livros), mas também o professor, o aluno e uma atividade escolar proposta. No imaginário social é notória a presença da concepção de que algumas práticas só podem ocorrer em seus lugares próprios.

O espaço hospitalar como lugar escolar interfere na escolarização do saber, já que na escola de origem os alunos têm por hábito deixar ao professor e às instituições a seleção do que é significativo a ser apreendido. Ocorre, nesse sentido, uma descontextualização dos saberes por parte dos alunos, para que eles sejam observados no sentido escolar (Santos, 2003; Marchesan et al., 2009).

No hospital, o referente espaço escolar não se apresenta; entretanto, o conteúdo em si encontra-se fortemente presente. Dentro do hospital, é ele que dá significado à ação escolar. As mestrandas, ao entrevistarem alunos e acompanhantes, percebem a preocupação dos pacientes com o ano escolar, já que estes solicitam confirmação de suas escolas de origem pelo aceite das atividades realizadas enquanto fazem tratamento. Evidenciam com isto que a escola tem ritos, tempos, lugares próprios e que necessitam ser ressignificados para o espaço em que agora estão.

Longe do espaço escolar da tradição, alunos e professores hospitalares, a partir do que é significativo no momento da aula, compõem um currículo específico para conteúdos histórica e socialmente estabelecidos. As mestrandas observam que a aula sobre circuito elétrico ocorre no andar da quimioteca a partir da transformação que o aluno realizou em seu celular — instalou alto-falantes para ampliar a energia sonora. Em função do acesso venoso, o professor escreve o que o aluno dita e a ação comunicativa, enquanto experimento, é provocada pela necessidade do aumento da intensidade do som no celular. Flexibilizada pela abordagem que é local, a relação escolar entre professores e alunos sofre também uma ruptura.

Compondo uma leitura paralela entre formas de apresentação dos conteúdos escolares, podemos ter: nas escolas de origem, pelo distanciamento entre aquilo que o aluno conhece e o que o professor apresenta como real existe uma abrupta descontextualização. Na escola hospitalar, parte-se do que o aluno já sabe, uma vez que a aula é individual e caminha-se para o conteúdo formal. Se, por um lado, é mais branda a aproximação entre o real que se apresenta e a representação que aluno e professor têm sobre ele, por outro, corre-se o risco de descentralizar forma e métodos de ensino, o que representa um complicador, já que a intenção é a volta plena para o ensino regular, após o término do tratamento.

Pelo momento, resolvemos esse impasse no atendimento escolar hospitalar utilizando os conhecimentos contextuais dos alunos como suporte das antecipações de situações tradicionais de ensino, antecipações essas provocadas pela mediação do professor, por meio da quebra de contrato didático.

Toda vez que o novo se apresenta, como conteúdo, a quebra de contrato se dá por meio do uso do conhecimento contextual do aluno, do qual se extrai uma reflexão a partir de suas ações; essa reflexão — como sugere a abstração reflexionante de Piaget (1995) — estabelece relações mais gerais presentes nos saberes escolarizados.

Com relação ao ritmo do processo de escolarização, ele vem resistindo na contemporaneidade em dois pontos pelo menos; um deles diz respeito ao passo a passo determinado pelo processo seriado do currículo escolar e, o outro, em relação aos tempos de aprendizagem. Se o primeiro diferencia quem é escolarizado de quem não é, o segundo determina modos de aprendizagem (Viñao Frago, 2003).

A doença e o tratamento tornam a forma de vida das crianças inadequada para participar do processo curricular ritualmente estabelecido. Elas necessitam de composições curriculares específicas durante o tratamento e, também, para o retorno à vida escolar regular, uma vez que a criança e o adolescente gravemente enfermos percebem *"a ideia presente na sociedade de que a escolarização não pode ocorrer fora da escola"*; essa mediação também deve estar presente no atendimento escolar hospitalar, sendo que é ela que garante o direito à educação básica a esses alunos hospitalizados (Sontag, 1994).

Utilizando-se da metáfora do pêndulo, no qual o movimento pode harmonicamente se repetir e repetir, a escolarização imprime *"um ritmo que conota a ideia de um tempo newtoniano, previsível e em declínio, baseado no determinismo e nas certezas. Tal concepção faz com que a criança gravemente enferma seja percebida a partir da falta, a partir do seu estado de saúde, quando na realidade existe um humano, capaz de aprender, por trás dessa condição. Em contrapartida, existe um tempo de existência, relacionado às possibilidades, às probabilidades e ao incerto. Um tempo não associado ao declínio, mas ao contrário à criatividade, à possibilidade de bifurcação, assim de novidade".*

A concepção de Ciência, principalmente depois de Einstein e Heisenberg, tem nos ensinado que o tempo e o espaço deixam de ser noções independentes e absolutas e devem ser concebidas uma em relação à outra. Nas ciências da educação, *grosso modo*, essas variáveis têm sido negligenciadas e temos poucos estudos acerca da noção da relação tempo e espaço de escolarização. Por outro lado, a antropologia certamente contribuiu para uma melhor percepção dessa relativização ao organizar essas variáveis sobre os estudos de culturas. A etnografia escolar, de igual forma, com estudo de processos multiculturais e minorias urbanas, por exemplo, observa o cotidiano escolar e enfatiza como nós, a importância para a garantia de educação básica da população em idade escolar, que as diferentes concepções de tempo e espaço sejam observadas no contexto da ação escolar não institucionalizada (Heisenberg, 2009).

> "A doxa triunfante, o pensamento único, o consenso fabricado fecham os campos da significação, restringem as alternativas, apagam as memórias, negam o passado, reificam o presente e sequestram o futuro."
>
> (Tomaz da Silva Tadeu, 1997)

3
COMO PENSAR E REPENSAR A QUESTÃO

Produção científica brasileira acerca do atendimento escolar hospitalar:
entre desafios e experiências*

> (...) *Aponte o dedo, pergunte*
> *que é isso? Como foi*
> *parar aí? Por quê?*
> *Você faz parte de tudo.*
>
> *Aprenda, não perca nada*
> *das discussões, do silêncio.*
> *Esteja sempre aprendendo*
> *por nós e por você.*
>
> (Bertolt Brecht, 2000)

Profusão de vozes, temas e objetos

Ainda que recente, a produção científica acerca do atendimento escolar hospitalar no Brasil não pode ser considerada

---

* Este trabalho configura-se como uma parte dos resultados da dissertação de mestrado desenvolvida por esta autora na Universidade Estadual de Campinas (cf. Oliveira, 2010). Tal pesquisa fora financiada pela Capes e realizada sob a orientação da profa. Dra. Vera Lúcia Sabongi de Rossi.

escassa. Nesse sentido, propomo-nos a refletir sobre parte significativa do debate acadêmico brasileiro dedicado à referida temática. Sob a inspiração de Brecht, pretendemos refletir, indagar, conferir, enfim, aprender com as discussões e silêncios até então explicitados. A fim de cumprir esse intento, uma indagação de fundo nos acompanhará, a saber: O que é possível inferir, a partir da produção de conhecimento no âmbito da academia, com os desafios da prática docente e da própria institucionalização do atendimento escolar hospitalar em nosso país?

Problematizar como parte expressiva dos investigadores tem interpretado a legislação nacional, significado os objetivos da oferta pedagógica em âmbito hospitalar, bem como o que ressaltam como desafios e experiências vivenciadas em tais espaços parece, destarte, uma opção profícua. Tais questionamentos inclusive serviram como parte dos motes disparadores do trabalho de mestrado defendido recentemente na Universidade Estadual de Campinas (cf. Oliveira, 2010) e que também serve como um ponto de partida para este capítulo. Por acreditar que tal investimento pode tornar possível uma aproximação ao que tem se consolidado como a cultura escolar (Viñao Frago, 2003) desenvolvida em ambiente hospitalar, bem como os percursos da institucionalização do atendimento escolar hospitalar em nosso país, consideramos pertinente ampliar tal debate e os espaços de sua divulgação.

Sob a inspiração de Sposito (2002), que afirma que "A produção de conhecimento na área de Educação, sobretudo aquela derivada dos programas de pós-graduação, demanda intensificação de estudos que permitam aferir sua trajetória, realizar avaliações críticas e propor novas possibilidades de investigação", tomamos como cerne deste texto um exercício de análise centrado nas dissertações de mestrado brasileiras defendidas entre os anos de 1989 e 2008.

Ao cotejar um conjunto de produções formado por 48 dissertações, foi possível constatar um movimento significativo de expansão, em diversos estados brasileiros, no tocante à definição do atendimento pedagógico hospitalar e problematização de experiências nessa seara. Questões que, portanto, foram alçadas a objeto de estudo.

O trabalho com essas fontes permite evidenciar, por exemplo, uma crescente participação de universidades públicas e universidades católicas como *locus* disparadores dessas investigações. As regiões sul e sudeste despontam como aquelas cujo número de publicações é mais expressivo. Cabe registrar, no entanto, que as regiões norte, nordeste e centro-oeste, no período cotejado, já apresentavam exemplos de investigações concluídas. Por fim, é mister trazer à tona que os cenários de investigação e as instituições de ensino superior envolvidas na produção científica nesse campo remetem quase exclusivamente às principais capitais de alguns dos estados das regiões mencionadas.

A revisão bibliográfica pautada nos programas de pós-graduação em educação permitiu identificar que 37 dissertações de mestrado foram elaboradas tendo como temática o atendimento pedagógico desenvolvido em ambiente hospitalar. Nesse mesmo período, a produção de outras dissertações, incluindo-se aí algumas vinculadas a programas de pós-graduação em saúde, também revela uma aproximação à referida temática, haja vista que foi possível encontrar trabalhos que tomaram como objeto de estudo o desenvolvimento de atividades lúdicas em ambiente hospitalar (Motta, 2001; Valladares, 2003; Junior, 2008), o impacto de doenças crônicas sobre o cotidiano da população infantojuvenil (Bessa, 1997; Vendrúsculo, 1998; Camacho, 2003; Melo, 2006; Mass, 2006; Silva, 2008), bem como a problematização da escolarização de crianças e adolescentes com doenças crônicas (Saikali, 1992; Nucci, 1998; Sousa, 2005).

Diante desses apontamentos iniciais, acreditamos ser pertinente ponderar a afirmação de Fontes e Vasconcellos (2007, 279) de que se "possui poucos estudos nesta área". Se, por um lado, é evidente que a produção científica é recente, haja vista que o primeiro texto brasileiro dedicado a esta temática é de 1989, por outro, há que se ressaltar que vem se expandindo expressivamente. Outro exemplo disso é que referente ao período investigado encontramos também dez teses de doutorado, nove livros, 55 artigos científicos e quatro Anais de reuniões científicas dedicadas à temática em xeque[1].

De qualquer forma, parece significativo o fato de muitos pesquisadores dedicados a essa área deixarem de lado a possibilidade de dialogar com investigações anteriores. Assim, em parte expressiva das produções firma-se a reiteração de que as atividades educacionais desenvolvidas em âmbito hospitalar figuram como um tema pouco investigado e busca-se legitimar tal campo por meio da paráfrase da legislação que apregoa o direito à educação a crianças e adolescentes hospitalizados. Apesar do aumento no número de investigações, é possível inferir, em um primeiro momento, que muitos dos textos publicados caracterizam-se por certa redundância e não aprofundamento/problematização das questões que se abrem quando se considera o atendimento escolar em um *locus* tão díspar.

Ressaltamos que a análise das dissertações ora desenvolvida é inspirada pelo legado de Marc Bloch (2001), o qual apregoa que o trabalho do historiador tem como objetivo compreender e não julgar (Ibid., p. 125-8) aquilo que se propõe a investigar. Justificamos o uso das dissertações como fontes também a partir das contribuições desse historiador francês, que apregoa que "a

---

1. Em virtude das limitações espaciais inerentes à produção deste texto, limitaremo-nos ao trabalho com as dissertações de mestrado.

diversidade de testemunhos históricos é quase infinita. Tudo que o homem diz ou escreve, tudo que fabrica, tudo que toca pode e deve informar sobre ele" (Ibid., p. 79). Por fim, apoiamo-nos em Le Goff (1996), que ressalta que o dever principal do historiador é a crítica ao documento, buscando entendê-lo desde sua própria construção, intentando desvelar, portanto, sua função e suas causas. Segundo as palavras do próprio historiador, "o documento não é qualquer coisa que fica por conta do passado, é um produto da sociedade que o fabricou segundo as relações de forças que aí detinham o poder" (Ibid., p. 102).

Nesse sentido, acreditamos que é importante sim problematizar fontes oficiais, documentos com presença recorrente nas investigações analisadas, dentre os quais ressaltamos o Decreto-Lei n. 1.044, de 1961, a Política Nacional de Educação Especial (MEC, 1994), Direitos da Criança e Adolescentes Hospitalizados (Resolução Conanda n. 41 de 1995), Resolução n. 02/2001 do Conselho Nacional de Educação Especial e do Conselho Nacional de Educação Básica (MEC, 2001), bem como Classe hospitalar e Atendimento Pedagógico Domiciliar (MEC, 2002), entre outros. De posse dessas informações, o profissional e pesquisador em educação entram em contato com um campo de disputas sociais que evidencia o reconhecimento da necessidade da oferta da educação básica a crianças e adolescentes portadores de doenças crônicas e/ou hospitalizados.

Em diversas investigações, no entanto, a legislação é alçada a uma condição similar a de sujeito/protagonista. Ao parafraseá-la, esquece-se, por exemplo, de problematizar o contexto de suas promulgações, as disputas sociais em xeque, a distância entre o discurso oficial e a realidade. A título de exemplo, destacamos a leitura de Gabardo (2002) que, ao mencionar os documentos oficiais, apregoa que o Estado propicia o atendimento pedagógico no hospital. Em sua leitura, o descompasso entre o que o Estado prevê e a realidade nos hospitais seria fruto do preconceito de profissionais da saúde e educação (Ibid., p. 5-6). Outro argumento nesse sentido é o de que a oferta educacional no hospital não se consolidaria em razão da ausência de formação/qualificação dos profissionais da educação, como apregoam, por exemplo, Viktor (2003) e Menezes (2004).

A dúvida que entra em cena é a seguinte: será que, para esses pesquisadores, os profissionais da saúde e educação seriam sujeitos cuja atuação soaria como impeditivo para a consolidação das políticas públicas que buscassem garantir o direito à educação em um ambiente díspar da escola regular? Sinceramente, parece pouco provável, diria mais que isso, soa anacrônico, pois o envolvimento dos profissionais da saúde e educação é que tem sido disparador de experiências educacionais desenvolvidas em hospitais, conforme revela parte significativa das dissertações tomadas como objeto de estudo.

Ainda no tocante aos argumentos mencionados, cabe questionar até que ponto professores não devem ser considerados sujeitos aptos a lidar com a produção e divulgação de saberes voltados a seu campo de formação. É evidente que há singularidades segundo o *locus* de atuação, ser professor em uma aldeia indígena, um hospital, uma penitenciária, um campo de refugiados, uma escola rural, entre tantos outros espaços possíveis, não é o mesmo que atuar em uma escola regular. Assim como atuar em uma escola regular no centro de uma capital não necessariamente seja uma experiência similar a atuar nas zonas periféricas e/ou em regiões/estados mais distantes dos centros urbanos. Não pretendemos menosprezar a especificidade de cada experiência, bem como o desafio inerente a cada espaço de atuação, mas colocar em xeque a visão de que o atendimento às supostas minorias, dentre as quais incluímos a população hospitalizada e/ou em tratamento de doença crônica, a população indígena, ribeirinha, entre outras, não se dá devido à ausência de formação específica dos educadores.

Pelo contrário, acreditamos que tais asseverações abrem margem para uma leitura contestadora, tal como propõe Mészáros (2008) em sua instigante obra *A educação para além do capital*. Em sua reflexão, o filósofo húngaro traz à tona a crítica à educação como mera mercadoria e preparo das massas para o mercado de trabalho. Dito de outro modo, parece-nos que cabe defender, como propõe o referido intelectual, a universalização da educação e do trabalho entendendo-os como atividades humanas autorrealizadoras e como ferramentas-mores para uma sociedade deveras democrática.

Outro ponto significativo é a ênfase que diversos pesquisadores empreendem no sentido de criar uma agenda em prol da oferta de atividades recreativas nos hospitais e programas de educação para a saúde. Embora se trate de temas importantes, chama atenção a ênfase nessas questões e, em contrapartida, o silêncio dedicado aos desafios do acompanhamento curricular em um *locus* tão distinto da escola regular.

Como exemplo disso, destacamos a leitura de Calegari (2003), desta vez, acerca do artigo 9 da Resolução n. 41 de 1995, o qual estipula o "Direito de desfrutar de alguma forma de recreação, programa de educação para a saúde, acompanhamento curricular escolar durante sua permanência hospitalar". Para a pesquisadora, o item anteriormente transcrito remete *"especificamente ao amparo legal do atendimento, ao menos recreativo*, quando a criança se encontra hospitalizada".

A abordagem de Calegari, que toma como objeto de estudo as inter-relações entre educação e saúde e as implicações do trabalho pedagógico no ambiente hospitalar, supervaloriza o aspecto recreativo presente no texto acima transcrito. Parece que ocorre a opção por não considerar que o documento não trata *especificamente* do direito à recreação, mas incorpora outros tão importantes quanto, como o programa de educação para saúde e o acompanhamento curricular escolar.

Quiçá, não seja forçoso reiterar que entendemos os três itens contemplados na legislação como extremamente relevantes, sendo fundamental, inclusive, que mais de um grupo de profissionais os desenvolva. No caso da recreação e educação para a saúde, por exemplo, é importante tecer uma crítica aos argumentos que incidem no sentido de angariar uma reserva de mercado exclusiva aos profissionais da área da Pedagogia. Acreditamos que a presença desses profissionais é legítima na equipe multidisciplinar, assim como é legítimo que toda a equipe busque nortear sua atuação no âmbito da promulgação da educação para a saúde, bem como deve apropriar-se de recursos lúdicos a fim garantir a interação com o público-alvo infantil. Em outras palavras, tanto enfermeiros, médicos, psicólogos, terapeutas ocupacionais, fonoaudiólogos, nutricionistas, entre outros, devem incorporar tais preceitos em seu cotidiano, contribuindo, assim, para um atendimento dinâmico e atento às necessidades, aos direitos e à própria linguagem do público-alvo atendido.

Por outro lado, a oferta do acompanhamento curricular definitivamente cabe aos profissionais da educação, questão preterida não apenas na produção de Calegari (2003, p. 73), que chega a afirmar que "a Pedagogia Hospitalar está mais relacionada com a saúde e com a vida da criança do que com sua instrução e aprendizagem".

Provavelmente, mais relevante que conhecer e divulgar a legislação voltada a esse campo seria compreendê-la, atentando-se à responsabilidade do profissional da educação, isto é, dos sujeitos formados para atuar em prol da oferta à educação básica. Sob a inspiração de Arendt (2009), parece válido enfatizar a importância da formação teórica e prática do professor, bem como de sua autoridade, isto é, a responsabilidade que os adultos devem assumir perante o mundo e as novas gerações. Assim, agir em prol da garantia da oferta educacional nos hospitais é assumir a responsabilidade pelo presente/imediato de crianças e adolescentes em tratamento de enfermidades, bem como garantir um elo com o futuro que terão pós-hospitalização.

Os limites entre a defesa de oferta da educação formal em hospitais e o comprometimento com os processos por humanização em saúde são difíceis de apreender nas dissertações analisadas. De um modo geral, é plausível destacar que um tema não exclui o outro, no entanto, chama atenção o fato de algumas produções absolutamente silenciarem os desafios do acesso à educação básica em um espaço tão distinto da escola e, concomitantemente, buscarem adequar o fazer pedagógico às especificidades das experiências vivenciadas no contexto do adoecimento.

Muitas das dissertações investigadas remetem à questão da formação de professores para o trabalho em hospitais. Ainda que partam de um objeto aparentemente similar, revelam posicionamentos distintos sobre os objetivos da oferta educacional e do papel do docente em tal *locus*. De um lado, foi possível identificar trabalhos que, ainda que não neguem a importância da escolarização, priorizam defender a atuação do professor atrelada às necessidades inerentes à condição de paciente/enfermo do público-alvo em questão. Por outro lado, deparamo-nos com produções que objetivaram problematizar currículos, estratégias de ensino, validação do atendimento escolar hospitalar nas escolas de origem, entre outros.

Do primeiro grupo, isto é, investigações centradas nas demandas do contexto hospitalar e desafios inerentes à humanização na área da saúde, destacamos os trabalhos de Matos

(1998), *O desafio do professor universitário na formação do pedagogo para atuação na educação hospitalar*; Calegari (2003), *As inter-relações entre educação e saúde: implicações do trabalho pedagógico no contexto hospitalar*; Funghetto (1998), *A doença, a morte e a escola. Um estudo através do imaginário social*; Gabardo (2002), *Classe hospitalar: aspectos da relação professor-aluno em sala de aula de um hospital*; e Fontes (2003), *A escuta pedagógica à criança hospitalizada: discutindo o papel da educação no hospital*. Não pretendemos negar a contribuição desses trabalhos, sobretudo quanto à defesa da atuação de professores nas equipes multidisciplinares. Entretanto, o crescente discurso sobre a necessidade de formação específica para o trabalho docente em hospitais demanda uma análise crítica do que tem sido defendido e tomado como premissa em relação ao papel do professor e da oferta educacional em ambientes díspares da sala de aula tradicional.

Do segundo grupo, ou seja, investigações que problematizam desafios e possibilidades da atuação docente no hospital sem perder de vista a produção de argumentos em prol do compromisso com a oferta à educação básica, destacamos as produções de Amaral (2001), *Saber e prática docente em classes hospitalares: um estudo no município do Rio de Janeiro*; Covic (2003), *Atendimento pedagógico hospitalar: Convalidando uma experiência e sugerindo ideias para a formação de educadores*; Linheira (2006), *O ensino de ciências na classe hospitalar: um estudo de caso no hospital infantil Joana de Gusmão*; e Santos (2008), *Aprendizados adquiridos no hospital: análise para um ensino de Ciências na classe hospitalar*. Em tais dissertações, sobressaem-se reflexões sobre a implantação e validação de experiências educacionais em hospitais, bem como acerca da problematização de currículos e metodologias de ensino analisadas em um tempo e espaço distinto da escola regular.

Entre experiências, silêncios e desafios

Ademais de uma aparente polarização entre os objetivos da ação pedagógica no hospital, a análise do debate acadêmico permite uma aproximação, em forma de panorama, do desenvolvimento de experiências pedagógicas em hospitais das diversas regiões do país. Esses materiais, muitas vezes, figuram como testemunhos indiretos da presença maciça de voluntários, bem como da escassa parceria do poder público em relação às escolas hospitalares, sinalizando, portanto, a dificuldade na captação de recursos e manutenção desses atendimentos.

São significativos, ainda, por trazerem à tona parte dos referenciais teóricos e/ou objetivos que subsidiam as práticas pedagógicas de parcela significativa das escolas hospitalares brasileiras já investigadas. São representantes desse grupo as produções de Mugiatti (1989), *Hospitalização escolarizada: uma nova alternativa para o escolar doente*; Ribeiro (1993), *O atendimento à criança hospitalizada: um estudo sobre serviço recreativo-educacional em enfermaria pediátrica*; Borges (1996), *Criação e implantação de um serviço pedagógico-ambulatorial para portadores de doença crônica no sangue: um relato de experiência*; Ortiz (2002), *Classe hospitalar: reflexões sobre uma práxis educativa*; Justi (2003), *Atendimento pedagógico ao aluno com necessidades especiais internado em pediatria de queimados: relato de experiência*; Souza (2003), *Uma ação pedagógica entre a vida e a morte: o caso da escolaridade emergencial das crianças do Hospital do Câncer em Manaus-AM*; Sousa (2005), *A escola hospitalar: um estudo sobre o acompanhamento psicopedagógico escolar com crianças hospitalizadas por tempo prolongado;* Olanda (2006), *O currículo em uma classe hospitalar: estudo de caso no Albergue Pavilhão São José da Santa Casa de Misericórdia do Pará*; Zardo (2007), O desenvolvimento organizacional das classes hospitalares do Rio Grande do Sul: uma análise das dimensões econômica, pedagógica, política e cultural; Ramos (2007), *A história da classe hospitalar Jesus*; Silva (2008), *Um estudo sobre o processo de implementação de classes hospitalares. O caso do Hospital Domingos Adhemar Boldrini,* além da já mencionada dissertação de Covic (2003).

Ao cotejar as dissertações ora mencionadas com a trajetória profissional de suas autoras, foi possível constatar que apenas duas dessas investigadoras não possuíam vínculo direto com o *locus* investigado. Nos demais casos, constatamos profissionais que já atuavam nos hospitais onde a oferta educacional se fez presente, tal como é o caso de Maria Teixeira Mugiatti — pesquisadora pioneira nessa área — assistente social idealizadora do Projeto Hospitalização Escolarizada, implantado nos hospitais infantis curitibanos César Pernetta e Pequeno Príncipe.

Também foi possível identificar diversas professoras com histórico de atuação voluntária em instituições de saúde. Cabe ressaltar que muitas das experiências centradas no voluntariado sucumbiram ao final do período de coleta de dados inerentes ao desenvolvimento do mestrado. Outras, no entanto, abriram precedentes para a implantação e busca de legitimação do próprio serviço de atendimento pedagógico hospitalar, como fora o caso das produções de Borges (1996) e Covic (2003), dentre outras.

O engajamento do profissional da educação, a capacidade de propor a oferta do atendimento educacional no hospital, buscar recursos/parcerias a fim de torná-lo real parecem ser um diferencial no tocante ao resultado das intervenções propostas durante os mestrados que culminaram nas dissertações analisadas. As parcerias, em geral, foram registradas como eventos difíceis de serem consolidados e tendem a se legitimar com o apoio de universidades públicas, secretarias municipais e/ou estaduais de educação e/ou saúde, bem como ONGs. O fato é que as experiências principiam por pequenos grupos de educadores e tal movimento ganha força à medida que a comunidade se envolve, isto é, profissionais atuantes no hospital, familiares e escolas de origem.

O estudo de práticas pedagógicas específicas desenvolvidas em hospitais é outro ponto relevante que tem sido apontado, de modo também bastante diverso, em trabalhos como o de Gonçalves (2001), Sousa (2005) e Olanda (2006).

Alguns outros temas de grande relevância no tocante à garantia do direito à educação em ambiente hospitalar ainda são pouco estudados, como é o caso da relação entre escola hospitalar e escola de origem, objeto de estudo até o momento apenas do trabalho desenvolvido por Darela (2007), *Classe hospitalar e escola regular: tecendo encontros*. Nessa mesma linha, destacamos investigações sobre o aluno e professor da escola hospitalar. Em relação ao primeiro grupo, há que mencionar o trabalho de Trugilho (2003), *Classe hospitalar e a vivência do otimismo trágico: um sentido da escolaridade na vida da criança hospitalizada*, e Marchesan (2007), *A não escola: um estudo a partir dos sentidos atribuídos por jovens com câncer à escola e ao professor hospitalares*, e, quanto ao segundo, as produções de Tomasini (2008), *Pedagogia hospitalar: concepções de profissionais sobre as práticas educativas e pedagógicas no ambiente hospitalar*, Carvalho (2008), *A classe hospitalar sob o olhar de professores de um hospital público infantil*, e Schilke (2008), *Representações sociais de ser professor em espaço hospitalar*.

Guardadas as diferenças de enfoque e percursos teórico-metodológicos, há que se ressaltar que a maioria desses trabalhos figura como exemplos significativos de trajetórias voltadas à legitimação da oferta educacional em ambiente hospitalar. Produções como a de Darela (2007), Marchesan (2007), Carvalho (2008) e Schilke (2008) parecem ter um traço vanguardeiro comum, isto é, o de intentar desmistificar a imagem tão reforçada no debate acadêmico de professor missionário e/ou aluno como sujeito faltante, incompleto, alguém supostamente com dificuldades emocionais tão severas a ponto de se preterir da agenda dos próprios professores o debate sobre a oferta à educação formal.

Por fim, outra perspectiva que tem recebido o interesse de diversos pesquisadores é o uso de novas tecnologias no contexto das atividades pedagógicas desenvolvidas em hospitais. Como exemplo, é válido mencionar as dissertações de Bonassina (2008), Bortollozi (2008), Costa (2008), Kowalski (2008) e Garcia (2008). De uma forma geral, tais autoras defendem o uso de ambientes virtuais de aprendizagem como uma forma de contribuir para o desenvolvimento do educando hospitalizado, ressaltando aspectos como o favorecimento a uma recuperação mais rápida, aumento da autoestima e bem-estar, além da importância dos professores desenvolverem habilidades relacionadas a novas formas de ensinar.

Em síntese, a análise desse conjunto amplo de produções permite apontar que a institucionalização do atendimento escolar hospitalar no Brasil está em processo e se relaciona diretamente a experiências pautadas em iniciativas praticamente individualizadas, muitas dessas oriundas da ação dos próprios pesquisadores nesse campo. Além disso, esses materiais revelam a presença maciça de voluntários, evidenciando a dificuldade de implantação e a própria manutenção financeira desses espaços. Expõe, assim, ainda que indiretamente, a fragilidade no âmbito da promoção de políticas públicas que deveriam articular os campos saúde e educação.

Diversos educadores e profissionais da área da saúde figuram como os sujeitos que buscam angariar recursos humanos e financeiros com o intuito de tornar o atendimento escolar hospitalar no espaço em que atuam uma realidade. O contexto de abertura política do Brasil, a luta em prol dos direitos de crianças e adolescentes, a parceria com universidades, algumas ONGs e, em alguns poucos casos, com o poder público têm sido os caminhos até então trilhados.

Viñao Frago (2003), que interpreta a cultura escolar como um conceito ambíguo e polissêmico, ressalta que sua consolidação se dá por meio de inter-relações entre a tríade teoria, legalidade e prática. Assim, cotejar o debate acadêmico com fontes oficiais e a empiria oriunda das escolas hospitalares parece-nos ser uma seara promissora, capaz de angariar elementos para uma leitura crítica do que tem sido produzido, paulatinamente consolidado e, de certo modo, enfrentado no cotidiano das escolas hospitalares.

Por meio desta breve reflexão, foi possível constatar que o atendimento escolar em ambiente hospitalar figura como uma temática recente nos estudos educacionais. A análise do *corpus* selecionado permitiu colocar em xeque afirmações recorrentes de que há poucos/raros estudos nessa área. Evidenciou, ainda, distintos argumentos em prol da defesa de professores em um *locus* tão díspar da escola regular. Por fim, permitiu trazer à tona muitos dos desafios relacionados a experiências educacionais desenvolvidas em hospitais das diversas regiões do país, tais como a busca de recursos financeiros, de parcerias entre escola hospitalar e poder público, parcerias entre escola hospitalar e escolas de origem, além do enfrentamento de implicações da rotina hospitalar na oferta educacional.

Estes últimos aspectos, aliados à questão da avaliação, currículo, projetos políticos pedagógicos, metodologias de ensino, entre outros, apesar da relevância, ainda figuram como questões preteridas, sobretudo se cotejadas com a repercussão daquelas dedicadas a problematizar os desafios e o papel do educador frente aos processos de humanização em saúde.

De qualquer maneira, nos últimos 21 anos diversas experiências foram trilhadas, desafios foram elevados à condição de objeto de estudo e alguns silêncios foram quebrados. Sob a inspiração da escrita combativa de Brecht, parece legítimo pleitear a emergência de uma agenda capaz de congregar experiências trilhadas, responsabilidade e compromisso com a oferta à educação básica em ambientes distintos da escola regular.

Ojalá que novos educadores e pesquisadores adentrem essa seara, dando vozes e formas a muitas outras histórias e perguntas, trazendo à tona diversas possibilidades de discussões e identificando outros silêncios. Enfim, que se problematize o que já fora trilhado e se amplie ainda mais esse campo em prol de tornar a utopia de uma educação deveras uma realidade para todos, pois como ressalta De Rossi (2004, p. 31):

> A utopia é essencial para fazer política, para agregar pessoas em torno de grandes ideais emancipadores, que pemanecem como pano de fundo em busca da transformação social mais ampla. No caso da escola, as utopias relacionam-se com o sonho da "escola para todos", profundamente democrática e emancipadora, que integre e partilhe as diferenças e que garanta o sucesso escolar a todos.

Tomara que este texto e a utopia que nos acompanha sejam capazes de exprimir tamanho convite!

Formação de professores:
ensaio a partir da aprendizagem da docência

Por que particularizar a formação para o espaço hospitalar?

Este texto nasceu da convicção de que não se pode refletir a formação de professores para o atendimento escolar hospitalar, tanto na formação inicial como naquela ao longo da vida profissional, dissociada do binômio teoria-prática em seus múltiplos condicionantes contextuais e sociais de uma teoria cada vez mais fracamente idealista e igualmente de uma prática cada vez mais reflexiva (Habermas, 2002b; Ayuste, 1999).

Ainda mais, a proposta de uma escola inclusiva, tanto dentro do hospital, como fora dele, ou mesmo a enorme variedade de maneiras como sujeitos tentam conduzir suas vidas na contemporaneidade, de certa forma suavizam particularidades, que sem dúvida continuarão a existir, mas em tênues nuances. Essas duas demandas, a de aplicabilidade das ações e a necessidade de individuação do ensino, aproximam temáticas de formação para o atendimento escolar hospitalar àquelas das propostas formativas em geral.

Dito isto, *por que então particularizar a formação para o espaço hospitalar?* A fim de propormos respostas a essa necessidade de particularização nos processos formativos, aventuramo-nos pelo quadro da complexidade, que como elemento das ciências conduz a uma metáfora: um evento implica o aparecimento de uma nova estrutura depois de uma bifurcação. Uma bifurcação é um ponto de indeterminação. Flutuações são os resultados de ações advindas de microestruturas que possibilitam o surgimento de novos eventos (Prigogine, 2009).

O humano é marcado pela tradição e forma de estar no mundo, comporta o passado como forma de desenvolvimento. Trabalho, poder e linguagem fazem parte da crítica à ideologia de sistemas socialmente estabelecidos. Nestes tempos da sociedade ocidental, no qual passado e futuro não desempenham o mesmo papel, o saber escolar faz parte do humano (Habermas, 1987a e b).

O entrelaçamento — tradição, crítica e saber — pode ser considerado uma flutuação no sistema de formação de profissionais para a educação e como tal provoca bifurcações e surgem eventos que respondem a elas.

Não existe síntese teórica que fundamente a proposta de trabalho escolar dentro de espaços fora da sala de aula tradicional nos quais é cotidiana a preocupação com a finitude humana. O convívio com a ausência de referentes pode ser considerado uma flutuação.

O movimento do trabalho com crianças e adolescentes cronicamente enfermas, notadamente no Brasil nestes últimos quinze anos,[1] quando considerado um evento requer a necessidade de uma nova estrutura social. Uma nova estrutura promo-

---

1. Pode ser mais bem compreendido no capítulo: Produção científica brasileira acerca do atendimento escolar hospitalar: entre desafios e experiências.

ve benefícios e perdas. Podemos apontar como benefício a presença na agenda escolar dos temas: pluralismo cultural, atenção à saúde e presença da equipe multidisciplinar, para grupos de indivíduos instáveis em sistemas escolares igualmente instáveis nas suas relações com tempo e espaço.

No entanto, perdem-se certezas: Em qual ramo das bifurcações produzidas em educação estamos? As necessidades dos grupos de educadores localizados em nichos de atuações transferem suas necessidades para a coletividade?

Este texto tem suas questões e reflete as especificidades formativas, para o espaço hospitalar, pelo viés da aprendizagem da docência e, para tal, constrói-se por meio de elementos teóricos a esfera de atividade e, posteriormente, a concepção de aprendizagem da docência.

Construção da esfera de atividade

Uma esfera de atividade é histórica, moldada pelo fluxo de acontecimentos que nela ocorrem, com sua cultura, seus significados e tem limites dentro daquilo que intersubjetivamente pode ser significado.

Não dispomos pelo momento, na formação inicial, de teoria sistematicamente organizada que dê conta dessa reflexão para o espaço hospitalar. Supondo lançar a aprendizagem dessa prática reflexiva para o momento do exercício profissional, não existe nos hospitais, por conta de sua constituição histórica e da legislação de classe hospitalar que não os formalizam, condições reais para que isso ocorra. Mesmo nos hospitais em que existe o atendimento escolar hospitalar, não é comum um responsável institucional da área da Educação que promova possibilidades de ações reflexivas das práticas em execução (Glouberman, 2001).

Ainda mais, é incomum um profissional da área educacional ser contratado para compor a equipe hospitalar. A Resolução CNE/CEB n. 02,[2] de 11 de setembro de 2001, contribui para tal, já que não sinaliza a parceria entre o hospital e a Universidade e/ou Secretarias de Educação responsáveis pelo professor no hospital. Verifica-se que a Enfermagem, ou a Terapia Ocupacional, ou a Assistência Social, ou a Psicologia, ou ainda um profissional da equipe médica, assume o papel de delimitar e direcionar a atuação do professor hospitalar.

Esse outro profissional, que no hospital atua como o gestor das questões escolares, é estranho à educação, principalmente em relação às concepções educacionais, profissionais e formativas, e se põe em conflito com os modos de atuação dos professores.

Retomamos aqui que, nos cursos de graduação, não existe componente curricular voltado para a reflexão das relações que se estabelecem entre gestores escolares e professores, logo também não há formação para outros referenciais que não sejam o escolar. Os professores, dentro de outras organizações que não sejam a sala de aula tradicional, estão órfãos de conteúdos organizacionais para refletirem sobre aquilo a que estão submetidos e sobre as demais concepções de educação que atravessam suas ações (Masetto, 2003).

Observamos, assim, que existem esferas de atividades humanas, atravessadas por diferentes concepções de educação, postas em circulação em esferas de comunicação. O exercício da prática da reflexão sobre o que flui por entre essas esferas é conteúdo formativo local que necessita ser entendido por categorias de reflexão que clarifiquem uma autocompreensão orientadora da ação. Essa compreensão possibilita consensos que, por sua

---

2. Disponível em CNE/CEB n. 02, de 11 de setembro de 2001: <http://portal. mec. gov. br/cne/arquivos/pdf/CEB0201.pdf>.

vez, evitam rupturas na fluidez da comunicação, tanto da própria tradição formativa dos professores, quanto da tradição de cultura dos diferentes grupos sociais. Entendemos que a ruptura paralisa ou decompõe possibilidades de um reconhecimento não violento do atendimento multiprofissional ao qual o paciente é exposto nos hospitais (Habermas, 2009).

Pelo que estamos a dizer, a esfera de atividade do atendimento escolar hospitalar é local, e a questão não é exatamente suas particularidades em relação a outra exercida na escola de origem de nossos alunos, pois em outra dimensão ela é também local, mas entre um tipo de saber local e outro e essa relatividade é aprendida se estando lá.

Ao nos reportarmos aos saberes da esfera de atividade, esbarramos nas práticas de pesquisas, também não abordadas nos cursos de formação inicial, em que a síntese da produção em algum sentido já produzida não tem a tradição de ser incorporada aos conteúdos da aprendizagem da docência. Atualmente, encara-se como natural a fragmentação do conhecimento, justificada pela especificidade dos objetos em estudo, pela opção ao estudo do processo, e não se questionam questões metodológicas não resolvidas, como as tensões entre as abordagens diferentes na área da pesquisa em educação.

Além desse componente teórico-metodológico, existe ainda aquele implícito que funciona como filtro interpretativo do que se está a aprender, enquanto aluno da graduação e, posteriormente, na atuação profissional. Tudo isso são elementos de compreensão do trabalho docente que precisam ser refletidos com qualidade nos espaços formativos (Tardif, Lessard e Lahaye, 1991).

A revisão da literatura para as abordagens da reflexão da ação docente aponta as possibilidades de taxiometria hierárquica para a reflexão. Sucintamente, para alguns autores, um grau menor de reflexão situa-se em uma racionalidade técnica e ocorre na tomada técnica de decisão sobre ensino com base nas pesquisas já estruturadas, enquanto outros autores, além desse elemento já considerado, incluem a análise dos saberes já estabelecidos por meio de experiências prévias e preocupações pessoais com o ensino. Um grau maior de reflexão está na prática reflexiva que envolve a problematização de situação de ensino, a contextualização das ações e a preocupação de reconstrução crítico-social (Mizukami, 2002).

No ambiente hospitalar, o professor reflete suas questões, imerso em um espaço que, mesmo em construção, está posto, com diferentes modos de agir social e agir segundo a contemporaneidade, com fins transformadores sem um modelo *a priori* de sociedade (Ayuste, 1999). Nesse sentido, a cognição do professor distancia-se do processamento de informação e aproxima-se da interpretativa e linguística (Shulman, 2005).

Tal compreensão é de que existe na linguagem um núcleo universal fraco, no qual os participantes de uma interação conseguem, pela força do melhor argumento, chegar a um consenso válido para todos. É uma unidade conquistada na multiplicidade de vozes que reconhece as diferenças e as identidades constituídas por meio de confrontação e discussão pública, o que pressupõe o entendimento (Habermas, 2002b).

É nesse sentido que a aprendizagem da docência, assim estabelecida intersubjetivamente, na relação com o outro, tem natureza linguística. Isto leva a que o repertório da aprendizagem da docência seja um ato que visa modificar uma ação. Contempla uma situação social mais imediata e o meio social mais amplo, os conhecimentos partilhados, as normas sociais, as questões éticas, enfim, a história dos indivíduos que interagem verbal e dialeticamente os determina.

Entendemos esse movimento dialético como uma espiral, pois à medida que os momentos de interação social vão se configurando, os indivíduos sofrem pressões discursivas que se materializam em ações que respondem a essas pressões, respondendo também às demandas contextuais.

Retomando, tem-se atualmente um campo em construção, o do atendimento escolar hospitalar, tem-se também uma esfera da docência que, ao mesmo tempo que apresenta demandas para os processos de aprendizagem nesse espaço, fornece, por pesquisa, elementos para esse processo. Essa recursividade, como já abordado, é delicada, pois se corre o risco de empobrecimento das análises. Julgamos assim que pesquisas para além da análise do conteúdo dos aspectos empíricos, ou ainda, das evidências apontadas nos estudos de casos de ensino postos em circulação nos espaços formativos, contribuam com o processo de aprendizagem da docência.

Apontamos uma possibilidade, diz respeito ao estudo das regularidades do discurso dos professores, já que este possibilita pôr em evidência toda uma diversidade de enfoques da base da aprendizagem da docência. Para cognição em ambientes complexos, a literatura aponta a dificuldade de falar em "previsíveis" situações de decisões que abarcam incertezas, mas lembra que crenças, valores, estilos e outros elementos formativos que possuem "representações consistentes" permitem que regularidades sejam postas em evidência (Schoenfeld, 1999).

Essa mesma literatura reforça também a ideia de processo de aprendizagem quando em ação, ou seja: o movimento feito para a resolução de um problema/questão local que a proximidade com o contexto possibilita. A escolha entre soluções possíveis ou não e a necessidade da previsão de outras soluções em ato trazem um estado de incerteza temporário que move buscas heurísticas de soluções em problemas anteriormente já resolvidos, o que é profícuo para a aprendizagem da docência.

Estudos com comunidades multiculturais ensinam que o intercâmbio de culturas, crenças, comunicação entre uma comunidade de aprendizagem e os territórios ao redor, possibilitam aos sujeitos aprendizagens emergentes que favorecem a formação de competência de colaboração (Medina Revilla, Dominguez Garrido e Gento Palacio, 1999).

Falou-se até aqui de uma esfera de atividade para a docência com um caráter sócio-histórico recente, daí permeado de incertezas e de uma possibilidade intersubjetiva de aprendizagem da docência por atos de fala.

Construção da concepção de aprendizagem

Para a construção da concepção de aprendizagem, destacamos a Teoria Crítica pelo viés habermasiano e assim o Socioconstrutivismo. Em função disso, fazem parte dos componentes significados como: a construção social e histórica da aprendizagem e a importância do contexto.

Habermas ao repensar, com base linguística, um projeto de entendimento da sociedade atual, perpassa por esses componentes e os desconstrói, sem eliminá-los do âmbito da pesquisa e, posteriormente, reconstrói-os com base linguística. Assim, o que chamamos de Teoria Crítica habermasiana refere-se a um olhar para esses elementos da aprendizagem por meio de um filtro distinto daquele dos paradigmas anteriores ao crítico, como também do crítico dos grandes sistemas. Caminha-se com o paradigma crítico-reconstrutivo, que abarca as questões das especificidades dos sujeitos envolvidos no processo de aprendizagem; entretanto, pelo caráter multifacetado do contexto atual que encarna, entende que as demais realidades estão presentes (Habermas, 2001).

Nesse sentido, o sujeito sócio-histórico habermasiano não é subestimado quando interesse e conhecimento se igualam em classes, produção e trabalho, ou superestimado nas vertentes da filosofia da consciência. Propõe-se um funcionalismo historicamente orientado em direção a uma teoria da evolução social, entendida como análise reconstrutiva da lógica própria do desenvolvimento da aprendizagem humana (Habermas, 2002b).

Com isso, desconstrói-se o entendimento da formação do sujeito social com base na contradição dialética entre forças produtivas e relações de produção, na luta de classes e no movimento articulado por ideologias e o reconstrói com base no desenvolvimento daquilo que se pode mobilizar linguisticamente com o(s) outro(s), logo possível de ser apreendido e compreendido por reconstrução de estruturas racionais de base linguística.

Nessa estrutura, a comunicação linguística, o diálogo sem coações externas constitui, portanto, a saída para a alienação, para a perda da individualidade do sujeito e para a recuperação da autonomia da sociedade.

Com isto, enfatiza-se o potencial da esfera social para construção da autonomia dos sujeitos. Lá se dão processos com regras comunicativas de interação, em detrimento da esfera do trabalho, regido pelas regras de uma racionalidade instrumental. As regras técnico-instrumentais, embora possam se formar sob as condições da comunicação linguística, nada têm em comum com as regras comunicativas da interação, não sendo possível, assim, uma redução da interação ao trabalho ou uma derivação do trabalho a partir da interação.

Mais ainda, entende-se a formação do sujeito, da identidade do "eu", como um processo de aquisição de uma capacidade interativa, que consiste na capacidade de participar em sistemas de ação cada vez mais complexos, em que se pode questionar as "pretensões de validade" embutidas na linguagem institucionalizada, por meio da argumentação, e buscar o entendimento/consenso sobre a validade das normas sociais (Habermas, 2001).

Assim, *ser* professor em uma realidade como a que aqui tem sido considerada, e em tempos também considerados, significa mobilizar-se para atender às demandas das respostas à pergunta: por que particularizar a formação para o espaço hospitalar?

Isto remete a outra questão que é da ordem do como um sujeito aprende a ser (professor) e a mobilizar-se (para a atuação no âmbito hospitalar). Entende-se que é em um processo socio-construtivista apoiado principalmente na aprendizagem por intervenção problematizadora, nas diferentes esferas com as quais os professores estão envolvidos, e exige mais do que conhecimentos instrumentais. Solicita uma reflexão intersubjetiva crítico-reconstrutiva da prática. Assim, um professor aprende em um ambiente hospitalar quando reflete intersubjetivamente sua prática com elementos desafiadores oriundos da intervenção e ressignifica sua própria concepção do "ser professor", devolvendo ao meio um fazer acrescido de novas relações entre o cotidiano escolar e conteúdos teóricos de caráter transcendental fraco, como também das imbricações entre interesses, normas e valores humanos (Covic, 2008).

Considerações

Consideramos que novos segmentos disciplinares são necessários quando aparecem fenômenos intermediários, que não se enquadram em nenhum segmento disciplinar já existente. No entanto, solicitar dentro da educação um espaço definido para a especificidade A ou B, num tempo em que os processos de aprendizagem tendem a singularidades, mesmo advindos de situações múltiplas, parece-nos incongruente.

O que se percebe são entendimentos imprecisos do campo disciplinar da educação que levam a um esforço de impregnar o espaço do atendimento escolar hospitalar de questões e ações equivocadas da área específica do atendimento médico, como a desgastante discussão de justificar a presença do atendimento escolar no hospital relacionando-o com as questões de uma prática humanizada. Sem dúvida, são discussões pertinentes à Educação e à Saúde, mas que não justificam a necessidade da criação de um nicho em separado para o atendimento escolar hospitalar.

Reivindicamos a particularização da formação para o espaço hospitalar a partir da aprendizagem da docência em se estando lá. Os resultados de pesquisas sugerem que uma aprendizagem mais desapegada das salas de aulas tradicionais das universidades, com condução adequada das ações em espaços variados, com autonomia de ações formativas, dá conta da construção da aprendizagem no sentido aqui posto — "com qualidade reflexiva" —, uma vez que apreender como os diversos locais em que ocorre a aprendizagem de conteúdos escolares são significados semelha apreender como a comunidade organiza seu universo de significados (Mizukami et al., 2002; Garcia, 2002; Imbernón, 2002).

Não é tarefa fácil, sem dúvida, não exaltar a diversidade e tratá-la com rigor e método, navegando entre o plural e o unificado, entre o processo e o produto, entre construção e desconstrução, entre demarcação de limites e quebra de fronteiras.

Reivindicamos a particularização da formação para o espaço hospitalar a partir da aprendizagem da docência em se estando lá, ou seja, é apreendida pela prática situada.

Do entendimento que os sujeitos se individualizam intersubjetivamente, é possível acreditar na construção de identidades profissionais por meio de enunciações de prática.

Currículo Específico:
Algumas maneiras de pensar a prática no cotidiano do atendimento escolar hospitalar

Na Educação, a vertente Crítica do Currículo e aquelas posteriores aos anos 1960 abrem discussões acerca não somente das perguntas tradicionalmente presentes na elaboração do currículo escolar — o quê, como, por quê, para quê, quando —, mas se pluraliza ao abordar as consequências sociais que as opções em respostas a essas indagações podem provocar. A colocação do problema, a partir das discussões que deram origem à Teoria Crítica, por vezes parece não atual, uma vez que historicamente caminhamos com propostas de currículos — fragmentados, multiculturalistas, com narrativas que envolvem etnia, raça, gênero e ainda a crítica às utopias — que refletiram o fazer social e histórico da escola como processo opressor e controlador social, assim, de crítica ao próprio movimento crítico.

Não obstante, mesmo com a proposta que opta por uma escola que propõe que todos devam participar de sua construção, que não existem modelos prontos de sociedade, que esta é construída a partir da interação, da busca de consenso e de currículos que deem conta de tal possibilidade existir; chegamos a currículos que não se conversam... não se reconhecem. Estranham-se aqueles praticados nas escolas e aqueles praticados em hospitais, prisões, atendimento domiciliar e outros diferenciados pelo espaço de suas salas de aula. Em função do tema central deste livro, pensamos as práticas cotidianas escolares com o dualismo: caráter curricular da escola de origem de alunos hospitalizados e caráter do currículo hospitalar. Não se trata de elaborar um modelo geral e dele tirar um molde, mas de tentar captar uma realidade que é móvel e que se deve estudar para dar-lhe o caráter de inteligível (Giddens, 1991; Certeau, 1994).

A legitimidade de cada caráter não pode partir da abrangência, da demanda, do valor dos conteúdos veiculados, das metodologias empregadas, como também dirimir diferenças por meio de distinções mais sutis, não nos parece o caso, já que metodologicamente podem ser entendidos como duas abordagens concorrentes: enquanto no hospital se dá em contexto e, assim, não se adapta às propostas gerais, na escola de origem parte de propostas gerais, para então particularizar os cotidianos locais.

Essa diferença de método focal dirigido aos documentos oficiais que orientam ações curriculares nem sempre é traduzida como acolhimento das necessidades individuais de uma parcela de alunos que seguem o currículo hospitalar, quando estes retornam à escola de origem.

A escola parte hoje de objetos que se distanciam daqueles dos anos 1920, quando Bobbit, preocupado com as diferenças de aprendizagens, propôs uma concepção de currículo pautado na eficiência e para tal padronizou conteúdos e técnicas de ensino, julgando com essa iniciativa dirimir diferenças individuais de aprendizagem e colocar todos os formados em igual condição de competirem e produzirem para a indústria e comércio. Esse currículo é pautado em situações de experiências relacionadas com a exigência social e econômica da época.

Ao caminharmos para os anos 1930 e 1940, para não retomar mais ainda, encontramo-nos com o movimento curriculista de Tyler, que com uma proposta de avaliação formativa, com fins de rever o currículo praticado, objetiva maior número de alunos nas universidades logo após o ensino médio. Preocupações guardaram essa época de reorganização social e desenvolvimento industrial e, até hoje, a formulação do currículo com apreensões de organização e desenvolvimento estão presentes nos ensinos programados materializados em apostilas, manuais, livros de resolução de exercícios e outros programados para a mais rápida aprendizagem de conteúdos escolares presentes em provas de concursos universitários.

Percebe-se por esses dois movimentos pontuados — Bobbit e Tyler — um acoplamento de estruturas; aquelas propostas nos anos 1920 acoplam-se àquelas da avaliação formativa (Apple, 1989; Silva, 2000).

A Teoria Crítica nos aponta que esse movimento de acoplamento de estruturas, enquanto construção histórico-social, tece identidades. Existem nas estruturas formadas elementos técnicos que respondem às necessidades políticas, econômicas, jurídicas de cada tempo histórico, nesse sentido os currículos não são neutros e apolíticos (Ayuste, 1999; Habermas, 2002b).

Com as preocupações do cultivo das melhores técnicas de ensino e aprendizagem, das situações ideais de padronização de conteúdos, caminha o caráter social e histórico polarizador de tensões, que ao mesmo tempo que mantém estruturas de poder, reprodução sociocultural e práticas educativas autoritárias, encontra brechas de interação para reivindicações do papel dos sujeitos, do diálogo intersubjetivo, do espaço da criação cultural.

É a partir dessa perspectiva sócio-histórica que a reflexão sobre a multiculturalidade propõe que o currículo não pode ignorar nem as diferentes identidades que estão em conflito todos os dias na escola, nem os poderes da tradição e da inovação que ele guarda. O campo de tensão formado pela presença colaborativa entre os vários sujeitos, quando envolvidos pela busca de consenso, pode produzir novidades na forma de conduzir as forças presentes na direção de prevalecer os direitos das crianças e dos adolescentes para o desenvolvimento de suas potencialidades. Existe uma mobilização relativa ao que acontece, não possui uma organização de antemão para se encaixar ao que falta em um elemento teórico, organiza-se do estudo entre a necessidade e o fazer.

Atualmente, a perspectiva crítica da educação, como forma de conhecimento, encontra-se mais sistematicamente técnica e normativa no currículo escolar. Ela está representada nas propostas de desenvolvimento das habilidades das disciplinas, e não somente no conteúdo de análise reflexiva sobre, por exemplo, teorias da reprodução cultural, ideologia, questões de gênero e classe. Assim, conteúdos do ideário de planejamentos educacionais passam a ser conteúdos de aprendizagem. Está, dessa forma, no currículo a maneira como os atores sociais se mobilizam para utilizar e aprender conhecimentos de diferentes tipos e origens que nos processos cotidianos fica posto na forma de: (a) conceitos, princípios, fatos importantes, habilidades disciplinares essenciais; (b) organização intencional para alcançar resultados previstos para cada ano escolar; (c) preocupação com promoção do entendimento e não somente com hábitos de estudos; (d) propostas de ensino que solicitam crítica e pensamento criativo.

Dito em síntese o processo que distancia os anos 1920 dos atuais, normatizações como os Parâmetros Curriculares Nacionais nos possibilitam adequação às necessidades formativas individuais. Entretanto, a escola hospitalar, ao solicitar o currículo da escola de origem, constantemente o recebe recheado de significado bobbiteano, já que ele representa o padrão de eficiência a ser perseguido. A questão principal a ser discutida não diz respeito exatamente ao padrão de eficiência, pois este pode ser relativizado, mas à legitimidade de cada caráter.

O currículo específico no Instituto de Oncologia Pediátrica praticado com cada aluno, enquanto este realiza tratamento, sugere uma possibilidade de desenvolvimento desafiador, uma vez que propõe vários olhares para uma mesma situação curricular. São unidades desenvolvidas em paralelo, com possibilidades de mobilidades entre si, com fins de apropriação de saberes escolares.

O currículo específico é tácito, são construções que vêm ao encontro de nós mesmos, pressionam-nos dia a dia; assim, temos dificuldade em expressar quando acontece o planejamento, a avaliação e outros elementos formalmente prescritos nas estruturas das escolas de origem dos alunos hospitalares. Sabemos que ele acontece em rede e ao mesmo tempo. É um currículo real, não o real no sentido do que é, pois isto seria impossível, mas com o cotidiano e não sobre ele. Um currículo que não se oculta e considera as situações de escolarização e toda a dinâmica do ambiente hospitalar como relações estabelecidas pela racionalidade comunicativa, pois estas possibilitam atribuir às pessoas e aos espaços o papel de sujeitos que, por meio de suas ações comunicativas, criam seus próprios produtos (Sacristán e Peréz Gómez, 2000; Silva, 2000).

Por conta disso, entendemos interdisciplinar como um limite, assim uma tendência que parte do pressuposto de que quanto mais disciplinar a proposta curricular do professor, mais próxima do multidisciplinar ela se encontra e novos textos sobre temáticas abordadas em aula podem ser construídos (Kawamura, 1997).

Isto leva a uma construção curricular que se afasta da reprodução, assim, rompe-se com a escola institucionalizada e mantêm-se as relações escolares: o currículo da escola hospitalar não pode estar entre o Normativo e o de Resistência. O Normativo é o prescrito pela escola de origem, feito para outro tempo e espaço. O de Resistência dá voz ao oprimido, pelo olhar do dominante e simplifica a realidade escolar hospitalar. São leituras pela falta, pelo que resta e nesse sentido produzem um currículo com demandas mínimas (Giroux, 1997).

Constrói-se um currículo que rompe a leitura de exclusão e absorve as demandas da escola hospitalar em sua complexidade, alcança a criança e o adolescente em tratamento como eles estão. São práticas que ocorrem na relação com o ocasional, certeaurianamente no tempo acidentado, dispersam ao longo da duração da necessidade. Acredita-se que com isto o aluno possa, no decorrer do tratamento, participar da elaboração da sua situação escolar (Covic, 2008).

É um aluno-paciente por sua condição de necessidade de atendimento à doença, entendida esta não como uma variação da dimensão da saúde, mas como outra dimensão da vida; assim, exige mobilização por parte do sujeito, ou seja, opõe-se ao ser paciente em relação à sua história de vida e contingência de suas transformações. Esse aluno-paciente se constitui no cotidiano e isto demanda construções específicas, em ações para o seu atendimento escolar (Canguilhem, 1982).

Nesse caso, um currículo construído para cada aluno pode se tornar mais amplo, mais próximo da realidade vivificada pelo aluno. Sabemos também que em igual medida pode afastá-lo do espaço escolar de origem. Como as relações entre os professores, os alunos e os saberes são refletidas por meio das situações de ensino, permeadas pela linguagem, na busca de consenso, acreditamos que possamos aproximar a escola de origem e a escola hospitalar.

A escola hospitalar tem um caráter de ser, não se projeta para frente, mas para o ato presente. Os alunos gravemente doentes têm na escola hospitalar o espaço maciço de encontro com o conhecimento que possuem com aquele sistematizado e histórico e socialmente escolarizados.

Nessa condição, o currículo compreende conhecimento, ideias, valores, concepções, teorias, recursos, artefatos, procedimentos, competências e habilidades dispostas em núcleos de conhecimento, mesmo sendo compostos por disciplinas escolares, não são disciplinares, pois se mobilizam em função das situações de ensino, das especificidades dos alunos e da formação inicial dos professores. Assim é plural, crítico, criativo, coletivo, solidário, cooperativo, o que compreende um tênue limite disciplinar (Abramowicz, 1999, p. 43-5).

Para tal, planejado que é para cada aluno, fornece meios alternativos para metas pontuais, preocupa-se com um currículo que tem como núcleo comum os Parâmetros Curriculares Nacionais e disponibiliza registro, planejamento e avaliação para as escolas de origens.

Na comunicação com a escola de origem realiza-se uma leitura de aproximação entre o currículo praticado e o solicitado, entendido o praticado como estendido em relação àquele solicitado.

Nos registros das situações de ensino realizadas pelos alunos, citamos que elas interagem com os conceitos-chave e habilidades do ano escolar nas variáveis que ajustam tempo e circunstâncias para as necessidades locais dos alunos. As situações de ensino são realizadas ao longo do tempo de tratamento, em todos os locais do hospital, abordam diferentes culturas e acontecem por diferentes perspectivas educacionais entre as relações das diferentes disciplinas.

No planejamento enviado às escolas de origem, explicitamos que ele é o praticado. Compreende questões disciplinares observadas nas dinâmicas de sala de aula tradicional, reflete as necessidades dos alunos, os conteúdos escolares a serem observados e as condições locais, tem ênfase nas habilidades que emergem no momento da aula hospitalar. Na mediação, o professor assume o papel de um professor disciplinar e propõe um conteúdo dessa disciplina e no percurso da aula apreende o impacto da disciplina nas demais e o inverso.

Quanto à avaliação, ela é estabelecida em uma relação da produção do aluno com ele mesmo. Observa-se para a escola de origem como os alunos se veem em relação à disciplina, tanto agora como quando retornarem à escola. O currículo específico usa o currículo como elemento catalisador de autogestão na disciplina. Acreditamos que observando a disciplina em proximidade com situações tanto do cotidiano atual como exterior a ele, possibilita segurança na aprendizagem. A avaliação reflete as necessidades dos alunos e também a relação que tem com as disciplinas (Lara, 2010).

Entender os caminhos dos interesses e das relações fornece indicadores para o grupo de professores — da escola hospitalar e escola de origem — redimensionar o desenvolvimento das habilidades e percepções de dificuldades por vezes ocasionadas pelo tratamento e a doença em si.

A avaliação reflete o impacto de uma disciplina no desenvolvimento das situações de ensino e este possibilita desenvolvimento de autopercepção dos modos de operação característico dos campos disciplinares.

Por fim, o processo de avaliação desenvolve senso de compromisso entre alunos, escola de origem e hospitalar por conter uma possibilidade particular de relação com a disciplina por meio da interação com um tema.

Realizamos aqui uma leitura paralela entre propostas curriculares sócio-históricas estabelecidas e aquelas da escola hospitalar, traçamos aproximações na proposta de desenvolvimento de potencialidades, habilidades e olhares disciplinares e por determinado viés chamamos de específico, daí estendido para as necessidades locais dos alunos; pontuamos distanciamentos que necessitam ser legitimados por políticas públicas como forma de preservar o processo de construção de identidades dos alunos em acompanhamento escolar hospitalar.

> Esse currículo único, porque específico, requer um apelo à individualização de trajetórias que em nosso tempo... mais que em outros... se apresenta como tendência.

4
CONCLUSÃO

Educação, câncer e escolarização

> *Existe um mundo que é comum, que independe de nossa descrição, idêntico a todos os observadores?*

Na forma afirmativa, a proposição apresentada no subtítulo do ensaio remete sem dúvida a utopias, decerto as questões das diferenças, que levam à exclusão, estariam diluídas em prol da prevalência das identidades. Na forma interrogativa, posiciona-nos para a busca de quais elementos nos move a acordos racionalmente motivados. Propomos a comunicação e a experiência cotidiana, não julgamos que esses elementos sejam "algo" que atenda a todos, mas sim a diferentes descrições de uma mesma realidade. A identidade pode então ser entendida não a partir de "algo" que atenda a todos, mas a partir de diferentes descrições do mundo.

A ampla publicação na área da Saúde apresenta informações sobre as interferências dos cânceres na escolarização, lança questões instigantes para a educação escolar do Brasil. Primeiro, desde o final da década de 1980 é praticamente unânime a conclusão nos estudos da cultura ocidental do tratamento do câncer da infância e da adolescência, que o processo de acompanhamento escolar deve ocorrer ao longo do tratamento; segundo, que podem existir efeitos tardios [1] do tratamento e do câncer em si, e dessa forma o acompanhamento tem de ser ao longo da vida; e, terceiro, que esses efeitos tardios são atenuados quando os pacientes estudam durante o tratamento.

Linguisticamente uma forma, embora breve, de trazer à crítica esses três elementos se dá na proposta de um artefato de aproximação entre vivências escolares de alunos-pacientes oncológicos brasileiros e a literatura internacional da área da saúde. Não desconsideramos, ao compor este diálogo, que os aspectos educacionais estão relacionados com questões: de políticas públicas, ambientais, sociais, curriculares, concepções de escola e educação escolar, concepções de sujeito e objeto de pesquisa, fundamentação epistemológica e tudo mais que envolve a construção de significados dos temas escolares.

Para tal, o artefato assim construído apresenta a apreensão dos objetos relacionados às evidências e às necessidades do aluno-paciente por meio de textos de uma realidade externa e também daquela vivida no Iop-Graacc-Unifesp.

A educação dos jovens com câncer enfrenta alguns obstáculos, semelhantes àqueles enfrentados por estudantes com deficiência, ou ainda, crianças cronicamente enfermas. A doença e seus tratamentos podem causar dificuldades, diretas na aprendizagem, ou outras indiretas, como as discriminações. As interrupções do ano escolar e o insucesso nas aprendizagens pesam sobre o futuro dos alunos que realizam tratamento de câncer. A manutenção da escolaridade contribui não só para evitar o defasagem escolar, mas também para consolidar alguns referenciais

---

1. Efeitos tardios: em geral considerados como os efeitos que podem acontecer dois anos após o fim da quimioterapia e/ou cinco anos após o fim do tratamento, dependendo do que acontecer primeiro.

de identidade como aquele de ser estudante e a saída da condição de enfermo (Covic, Petrilli e Kanemoto, 2004; Larcombe et al., 1990; Deasy-Spinetta, 1993).

Ao observamos a literatura, a escolarização não é a principal preocupação dos alunos doentes com câncer ou dos seus familiares no momento do diagnóstico ou início do tratamento da doença. Todavia, ela aparece logo após as primeiras sessões de quimioterapia; assim, os professores hospitalares devem assumir junto com os alunos e familiares esse primeiro momento (Covic, 2008; Zebrack et al., 2002; Hudson et al., 2003).

O quadro a seguir ilustra o período médio de tratamento para cada uma das neoplasias; podemos observar que interrupções no ano escolar existirão e um trabalho de acolhimento escolar a esses alunos pode ser significativo no sentido de prevenir exclusão dos sistemas de ensino, já que vários estudos mostram uma forte ligação entre a não conclusão do ensino médio e a presença de efeitos tardios em adultos curados do câncer durante a infância (Covic, 2008; Zebrack et al., 2004; Oppenheim, 1996).

Tumor	Tempo Médio de Ausência Escolar durante o Tratamento
Wilms	127 dias
Hodgkin	150 dias
Não Hodgkin	182 dias
Sistema Nervoso Central	241 dias
Ewing	245 dias
Neuroblastoma	297 dias
Leucemias	360 dias
Osteossarcoma	536 dias
Transplante de Medula Óssea	350 dias

Criação de condições de reintegração social é uma das pautas de discussão da educação e da saúde sugerida para o período de tratamento e pós-tratamento (Favrot et al., 1992; Greenberg et al., 1997; Peckham, 1991). Para os casos mais graves, sem esperança de cura, a proposta dos textos lidos é de uma releitura das ações educacionais, no sentido de que esta forneça significado no decorrer do processo de prestação de cuidados paliativos, cujo objetivo principal é propiciar condições dignas de fim da vida (Covic e Kanemoto, 2010).

O campo de reflexão é amplo, caminhamos neste livro por alguns, assim, ao pensarmos na *estrutura funcional da cultura* escolar nas suas relações com escola, comunidade, hospital e aprendizagem escolar, encontramos na literatura subsídios que nos auxiliam a compreender o universo escolar do aluno que passa ou passou pelo tratamento oncológico: sequelas neurocognitivas relacionadas ao acompanhamento escolar, comprometimento da competência social do paciente oncológico fora de tratamento, fobia para o retorno à escola, existência de disciplinas (geralmente português, matemática e língua estrangeira) em que alunos-pacientes não assistidos por nenhum programa complementar de estudo apresentam maior dificuldade ao retornarem à escola, necessidade de compreensão dos amigos escolares da situação vivenciada, processo de intervenção que promove a volta à escola, envolvimento dos professores com alunos oncológicos, necessidades psicossociais dos alunos-pacientes, estudo do déficit cognitivo de alunos-pacientes que durante o tratamento da leucemia sofreram irradiação do Sistema Nervoso Central ou quimioterapia intratecal (Searle, Askins, Bleyer, 2003; Frappaz, 1999; Griscelli, Buriot, Weil-Halpern, 1979).

Em síntese, a proposta de um plano de intervenção escolar e hospitalar que atenda às demandas de funcionalidade da escola e do hospital enquanto espaço de atendimento escolar terá como preocupação: estabelecer relação entre as perdas cognitivas, os problemas físicos permanentes ou não e a doença e seu tratamentos, divergência e convergência de padrões de comportamento esperados por pais, professores e o paciente no retorno escolar, divergência e convergência de desempenho entre irmãos consanguíneos de pacientes oncológicos e os pacientes, divergência e convergência entre alunos-pacientes crônicos de outras patologias e os alunos-pacientes oncológicos. A literatura justifica como motivo para processos de intervenção o avanço da cura, visto que atualmente 70% das crianças e adolescentes chegam à vida adulta (Frappaz et al., 2001).

As estruturas de decisões da intervenção necessitam abarcar: (a) pais que reconhecem em seus filhos sujeitos que vivem problemas na escola, como de assumir liderança e de atenção no desenvolvimento das atividades escolares. Em contrapartida, os professores observam, em relação a esses alunos, dificuldades na aprendizagem e somatização em relação à saúde. As crianças deste grupo, por sua vez, julgam não possuir nenhuma dessas questões (Carpentieri et al., 2007); (b) irmãos de pacientes com câncer podem apresentar problemas escolares e sociais em função de sentirem-se abandonados durante o longo período de tratamento (Charlton, Pearson, Morris-Jones, 1986); (c) maior número de desistência do ano escolar na educação básica em relação a outras circunstâncias crônicas (Vance e Eiser, 2002).

Na reflexão de elementos da *cultura como divisão social* encontra-se uma variedade de práticas de intervenções escolares como aquelas realizadas por familiares durante o tratamento, as aulas hospitalares e as residenciais; todas ocorrem em substituição às aulas da escola tradicional. Problemas estruturais de organização do acompanhamento escolar de alunos-pacientes geram dificuldades difíceis de serem superadas, principalmente quando o aluno apresenta distanciamento cognitivo considerável em relação àquele que possuía anteriormente ao início do adoecimento. Nesse processo, é fundamental que exista uma parceria entre a escola, a família e o hospital. Personagens dessa parceria podem ver na estrutura alterada uma impossibilidade de continuidade do processo de escolarização; nesses casos, a equipe escolar hospitalar é aquela que tem assumido a condição do processo de retorno às atividades escolares regulares (Barakat et al., 2003; Ross, 1984; Ross e Scarvalone, 1982).

A mediação social dos envolvidos depara-se com realidades constantemente alteradas e a mobilidade por essas realidades depende do conhecimento que a equipe tem da prática. À guisa de alerta, inicialmente, espaços hospitalares construíram classes regulares para o processo de intervenção, entretanto os alunos-hospitalares preferiram estudar no espaço de atendimento clínico e, nessa situação, ajustes das atividades às condições de estudo precisam ser realizados (Barakat et al., 2003).

Ao pensarmos os elementos da *cultura escolar como estrutura de sentido* na construção de intersubjetividade, encontramos nos textos lidos indicação de que o significado estabelecido ao processo de escolarização, no ambiente de tratamento, influencia o retorno escolar (Mayer et al., 2005). Outro importante elemento de influência na representação social do retorno à escola de origem é o médico, uma vez que a atitude extremamente compreensiva deste profissional, pelo papel que ele representa no tratamento, pode acarretar desvios na reinserção escolar (Bartel e Thurman, 2007).

Com isto, observamos que a ideologia e/ou visão que se constrói nos processos de intervenção perpassam pela cultura hospitalar, e o sentido que cada profissional tem do poder de decisão sobre o outro interfere em um efetivo retorno escolar.

Ao pensarmos em um espaço colaborativo de circulação entre culturas institucionais — escolar, hospitalar e familiar —

observa-se que, por meio de videoconferência, oficinas de interação entre pais, professores e equipe hospitalar ou, ainda, singelas correspondências entre os amigos da escola de origem e os pacientes hospitalizados, desenvolvem-se saberes significativos sobre os cânceres da infância e adolescência em relação à gestão de questões escolares. Com isso, existe fortalecimento da confiança nos sujeitos envolvidos quanto ao enfrentamento de situações atípicas à escolaridade tradicional (Favrot et al., 1992).

A possibilidade de reconstrução intersubjetiva das decisões em relação ao currículo escolar a ser construído para o aluno em tratamento tem acréscimos que atendem às necessidades dos alunos, ao se considerar os centros de saúde como centros de formação, pois os intercâmbios estabelecidos entre a equipe hospitalar (clínica e escolar) favorecem aprendizagens fecundas para ambos os espaços de atendimento ao aluno-paciente.

Uma possibilidade de consenso entre as diferentes equipes possibilita o encaminhamento de solicitações constantes dos professores em relação ao tempo diferente para as aprendizagens, atenção aos irmãos, currículo específico que abarque as circunstâncias pós-tratamento, as questões mecânicas (traqueostomia, cateteres, próteses) e, ainda, objetivem a autonomia do aluno em relação ao cuidar e ao saber.

É comum a equipe de saúde recomendar um regresso à escola o mais rápido possível, para que ao menos uma parte da vida dos jovens tratados de câncer assuma um curso normal, mesmo com a aparência física alterada em relação àquela que possuía anterior ao diagnóstico (Larcombe et al., 1990; Searle, Askins, Bleyer, 2003). Entretanto, poucos pacientes parecem optar por regressar à escola imediatamente após o diagnóstico. Muitas demandas são associadas a esta escolha: fadiga, mal-estar pela medicação, necessidade constante de faltar e justificar a falta, o estigma social associado com possíveis alterações físicas. Um trabalho de aconselhamento para que o retorno escolar aconteça o mais breve possível deve ser previsto no currículo escolar construído para o aluno. Nesse aconselhamento, a literatura ensina que é relevante o aluno perceber o ganho significativo que tem ao: incluir em sua rotina espaços exteriores ao hospitalar, seguir o programa escolar e manter contatos estreitos com os colegas de classe, amigos e professores (Searle, Askins, Bleyer, 2003).

Enquanto alguns estudantes podem retornar à escola regular sem dificuldade aparente, outros exigem adaptação aos programas, incluindo o absentismo em razão das consultas de acompanhamento ao tratamento (Deasy-Spinetta, 1993). Nesses casos, meios adequados para que os alunos recebam uma educação sem prejuízo da escolaridade devem ser elaborados e, para tal, leva-se em consideração: atendimento individualizado, estudo da assiduidade no hospital e a possibilidade de estudar, ajustes de instalações, locomoção e turno escolar.

As faltas escolares diminuem gradativamente com o tempo, entretanto ainda persistem em dois ou três anos após o diagnóstico (Vance e Eiser, 2002; Eiser, 1980; Olson et al., 1993; Lahteenmaki et al., 2002). Elas são mais comuns entre as meninas que apresentam recaídas (Cairns et al., 1982; Charlton et al., 1998) e também para determinados diagnósticos, como os tumores do sistema nervoso central (Vannatta et al., 1998a), os transplantes de medula óssea (Vannatta et al., 1998b), tumores sólidos e leucemias (Vance e Eiser, 2002).

A organização do dia a dia, por vezes, é controlada pelas visitas ao hospital e isto provoca um comprometimento do segmento do ano escolar, principalmente em matemática (Charlton, Pearson, Morris-Jones, 1986).

A etiologia das faltas escolares é multifatorial e reflete tanto problemas puramente físicos (Covic, 2008; Cairns et al., 1982; Charlton, Pearson, Morris-Jones, 1986), como psicológicos e comportamentais (Baysinger et al., 1993). Na verdade, quando todas as ausências não podem ser atribuídas à doença, podem referir-se a um possível fator psicossocial, como as dificuldades encontradas pelo aluno ou pela família — desânimo, preocupação excessiva pelo bem-estar, medo de ser rejeitado pelos colegas, os pais subestimam a importância do regresso à escola (Weitzman, Walker e Gortmaker, 1986; Lansky, List e Ritter-Sterr, 1986). Essas dificuldades são pouco detectadas pelos professores da escola de origem, que tendem a aceitar as ausências de um estudante gravemente doente acriticamente, e não se perguntam se elas de fato se devem somente à doença (Eiser, 1980). Daí a importância da informação e comunicação entre a instituição escolar e a hospitalar.

Outra causa de faltas escolares é a fobia, que na maioria dos casos aparece na forma de resistência ao retorno escolar e que pode ser expressa pelo aluno ou familiares. Evidência essa que deve ser abordada tão logo ela se apresente, ou seja, já no período de escolarização hospitalar. O aconselhamento é de um regresso à escola programado com intervalo de tempo diário diferente daquele tradicional, assistência pedagógica e psicológica. Observa-se que essa prática já faz parte da cultura escolar de outros espaços ocidentais de escolarização e que no Brasil ela ainda não é aplicada, principalmente em função da rigidez do conceito de tempo escolar. A solução encontrada é, portanto, baseada na prevenção: desenvolvimento de atividades escolares para os jovens hospitalizados, contato com a escola de origem, atendimento psicológico e discussão das atividades escolares realizadas durante o acompanhamento escolar hospitalar que envolva as duas equipes de professores hospitalares e da escola regular (Lansky et al., 1975).

Dificuldades escolares

As dificuldades para aprender podem ter diferentes origens: (a) resultantes da doença ou do tratamento; falamos dos déficits neurológicos e sensoriais, da fadiga e da lentidão, que podem provocar problemas de atenção, memória, concentração ou compreensão; (b) período de interrupção na formação acadêmica anterior ao adoecimento; (c) ocorrência da doença em um período-chave da aprendizagem, como o da alfabetização, em que um período de faltas prolongadas interrompe processos de sistematização; (d) problemas psicológicos e/ou emocionais manifestados com falta de confiança em si próprio ou no futuro, sentimento de fracasso ou de isolamento: e (e) insuficiente resposta dos pais manifestada na superproteção da criança, na subestimação das capacidades ou do papel da escola.

Além das alterações no processo de escolarização enumeradas anteriormente, a evasão e a repetência escolar são os principais receios manifestados pelos alunos com um câncer (Charlton, Pearson, Morris-Jones, 1986).

Vários estudos têm mostrado que alunos-pacientes oncológicos apresentam maior probabilidade de refazerem o ano escolar que os seus pares (Gray et al., 1992; Gortmaker et al., 1990) e que outros impactos incidem sobre a escolaridade. Alguns alunos ficam defasados em todas as disciplinas, outros apenas em matemática ou idiomas. Além disso, os professores relataram que observam entre seus alunos com câncer: falta de energia, alteração de humor, problemas de memória, dificuldades de aprendizagem generalizadas, necessidade de assistência constante e pouco interesse na aquisição de independência (Larcombe et al., 1990; Lansky, List, Ritter-Sterr, 1986; Evans, Radford, 1995; Mancini et al., 1989).

O ALUNO GRAVEMENTE ENFERMO

Todo esse arcabouço de recomendações, observações, aconselhamento e sugestões pode levar a um contorno falso em relação ao processo de escolarização de alunos-pacientes com câncer; há nos estudos aqui observados uma ressalva que é fundamental: *quando assistidos em suas necessidades educacionais desde o início do tratamento, até o retorno pleno à escola de origem — exceto para as crianças que receberam irradiação craniana, alguns tratamentos de leucemias, e tumores do sistema nervoso central — esses alunos acompanham adequadamente os segmentos escolares a que são expostos.*

Por fim... falamos que...

A maioria dos jovens sobreviventes retorna à escola sem grandes dificuldades, exceto alguns pacientes com risco aumentado (tratados em função de tumores cerebrais ou tratamento medular). Ainda, algumas orientações para a atenção hospitalar e educacional das equipes pode facilitar a reintegração quando do retorno à escola. Diversas recomendações foram propostas para a atenção das equipes de professores hospitalares em relação ao programa de retorno à escola, este deverá estar integrado com a execução dos serviços da oncologia pediátrica (tal como tratamento e cuidados), incluir observação ao longo do tempo e ser oferecido a todos os pacientes. Por fim, a implementação deve ocorrer de forma colaborativa entre as diferentes equipes escolares que atendem ao aluno (Deasy-Spinetta, 1993).

Colaborações entre família, escola e hospital são fundamentais durante a internação, principalmente para permitir a continuidade das aulas no hospital e o preparo para o regresso à escola; depois, para identificar as possíveis dificuldades de aprendizagem e a construção de um processo de acompanhamento adequado no caso de efeitos tardios (Baysinger et al., 1993).

A proposta de colaboração — família, escola — fica fortalecida quando todas as informações circulam entre as diferentes esferas — hospitalar, familiar e escolar —, incluindo as especificidades da doença e do tratamento que podem levar a dificuldades de aprendizagem.

Por fim, cabe à equipe do hospital tentar aumentar a frequência escolar salientando a importância da escolaridade, inclusive durante o tratamento. A necessidade de ajustes de currículo deve fazer parte do programa de atendimento aos alunos no âmbito escolar e hospitalar. Quanto aos professores, necessitam estar preparados para lidar com alunos com câncer (Mancini et al., 1989; Evans e Radford, 1995).

De maneira ampla, a comunidade escolar deve estar preparada para adaptar lições e prever possíveis consequências da doença e do seu tratamento. Em síntese: ausências escolares, necessidades educativas especiais, mudanças de comportamento (Peckham, 1991).

As intervenções socioeducativas de atenção aos alunos com câncer não podem estar restritas ao trabalho da equipe docente da escola de origem; elas também devem contar com apoio extraescolar da educação especial e serviços de atendimento escolar hospitalar (Spinetta, Deasy-Spinetta, 1986; Richardson, Nelson, Meeske, 1999).

> O que proponho, portanto, é muito simples: trata-se de pensar o que estamos fazendo.
>
> Hannah Arendt (2010)

Leituras fundamentais sobre o tema

APPLE, M. *Política cultural e educação*. São Paulo: Cortez, 2000.

ARENDT, H. A crise na educação. In: *Entre o passado e o futuro*. São Paulo: Perspectiva, 2009. p. 221-4.

AYUSTE, A. et al. *Planteamientos de la pedagogía crítica. Comunicar y transformar*. Barcelona: Graó, 1999.

BONASSINA, A. L. B. *Ambientes virtuais de aprendizagem*: uma proposta para inclusão de escolares hospitalizados. 2008. 186 f. Dissertação (Mestrado em Educação). Pontifícia Universidade Católica do Paraná, Curitiba.

BORGES, M. A. *Criação e implantação de um serviço pedagógico-ambulatorial para portadores de doença crônica no sangue*: um relato de experiência. 1996. 193 p. Dissertação (Mestrado em Educação-Metodologia de Ensino). Faculdade de Educação, Universidade Estadual de Campinas, Campinas.

BORTOLOZZI, J. M. *Contribuições para a concepção de um ambiente virtual de aprendizagem para escolares hospitalizados*. 2007. 236 f. Dissertação (Mestrado em Educação). Pontifícia Universidade Católica do Paraná, Curitiba.

BRASIL. Direitos da criança e do adolescente hospitalizados. Resolução n. 41, de 13 de outubro de 1995. Disponível em: <http://www. ufrgs. br/bioetica/ conanda. htm>. Acesso em: 20 jul. 2008.

_____. Diretrizes Nacionais para a Educação Especial na Educação Básica. Resolução CNE/CBE n. 2, de 11 de setembro de 2001. Disponível em: <http://portal.mec.gov.br/seesp/arquivos/pdf/resolucaocne. pdf>. Acesso em: 20 jul. 2008.

CALEGARI, A. M. *As inter-relações entre educação e saúde*: implicações do trabalho pedagógico no contexto hospitalar. 2003. 141 p. Dissertação (Mestrado em Educação: Aprendizagem e Ação Docente). Universidade Estadual de Maringá, Maringá.

CAMACHO, M. R. *Memórias de um tempo junto à criança com câncer*: reflexões sobre o processo de aprendizagem e enfrentamento da doença. 2003. 220 f. Dissertação (Mestrado em Educação). Universidade Federal do Espírito Santo, Vitória.

CARVALHO, A. R. R. F. *A classe hospitalar sob o olhar de professores de um hospital público infantil.* 2008. 94 f. Dissertação (Mestrado em Psicologia Clínica). Pontifícia Universidade Católica de São Paulo, São Paulo.

CERTEAU, M. de. *A invenção do cotidiano*: 1. Artes de fazer. Rio de Janeiro: Vozes, 1994.

COSTA, M. S. W. C. *Eurek@kids*: um novo olhar para a formação do professor no processo escolar com a utilização de ambiente virtual de aprendizagem. 2008. 116 f. Dissertação (Mestrado em Educação). Pontifícia Universidade Católica do Paraná, Curitiba.

COVIC, A. N. *Atendimento pedagógico hospitalar*: convalidando uma experiência e sugerindo ideias para a formação de educadores. 2003. 210 p. Dissertação (Mestrado em Educação: Currículo). Pontifícia Universidade Católica de São Paulo, São Paulo.

_____; KANEMOTO, E. Escola, esquecimento e morte, In: SANTOS, F. S. (ed.). *Cuidados Paliativos*: diretrizes, humanização e alívio de sintomas. São Paulo: Atheneu, 2010.

DARELA, M. L. *Classe hospitalar e escola regular*: tecendo encontros. 2007. 105 p. Dissertação (Mestrado em Educação). Centro de Ciências da Educação, Universidade Federal de Santa Catarina, Florianópolis.

EISER, C. How leukaemia affects a child's schooling. British Journal of Social and Clinical Psychology 19, p. 365-8, 1980.

FAVROT M. et al. Briser l'isolement: la visiocommunication au service de la scolarisation de l'enfant malade. *Bull Cancer,* 79, p. 855-63, 1992.

FOGGIATTO, J. A. A. *Ensino-aprendizagem de matemática em classe hospitalar*: uma análise da relação didática a partir da noção de contrato didático. 2006. 89 p. Dissertação (Mestrado em Educação Científica e Tecnológica). Universidade Federal de Santa Catarina, Florianópolis.

FONTES, R. S. *A escuta pedagógica à criança hospitalizada*: discutindo o papel da educação no hospital. 2003. 207 f. Dissertação (Mestrado em Educação). Universidade Federal Fluminense, Rio de Janeiro.

FRAPPAZ D. Pourquoi scolariser les enfants et les adolescents malades? Soins Pediatr Pueric 186, p. 4-6, 1999.

FREIRE, P. *Educação como prática da liberdade*. São Paulo: Paz e Terra, 1980.

FREITAS, M. C. de; BICCAS, M. de S. *História social da educação no Brasil (1926-1996)*. São Paulo: Cortez, 2009.

FUNGHETTO, S. S. *A doença, a morte e a escola. Um estudo através do imaginário social*. 1998. 86 p. Dissertação (Mestrado em Educação). Centro de Educação, Universidade Federal de Santa Maria, Santa Maria.

GABARDO, A. A. *Classe hospitalar*: aspectos da relação professor-aluno em sala de aula de um hospital. 2002. 50 f. Dissertação (Mestrado em Psicologia). Centro de Filosofia e Ciências Humanas, Universidade Federal de Santa Catarina, Florianópolis.

GARCIA, S. H. *As tecnologias de informação e comunicação e o atendimento escolar no ambiente hospitalar*: o estudo de uma aluna hospitalizada. 2008. 91 f. Dissertação (Mestrado em Educação: Educação Especial). Centro de Educação, Universidade Federal de Santa Maria, Santa Maria.

GONÇALVES, A. G. *Poesia na classe hospitalar*: texto e contexto de crianças e adolescentes hospitalizados. 2001. 153 f. Dissertação (Mestrado em Educação). Universidade Estadual Paulista, Marília.

HABERMAS, J. *Pensamento pós-metafísico*: estudos filosóficos. Rio de Janeiro: Tempo Brasileiro, 2002.

JUSTI, E. M. Q. *Atendimento pedagógico ao aluno com necessidades especiais internado em pediatria de queimados*: relato de experiência. 2003. 125 f. Dissertação (Mestrado em Educação). Universidade Federal do Paraná, Curitiba.

KOWALSKI, R. P. G. *Contribuições para a concepção de um ambiente virtual de aprendizagem para escolares hospitalizados*. 2008. 154 f. Dissertação (Mestrado em Educação). Pontifícia Universidade Católica do Paraná, Curitiba.

KULPA, S. *Entre a cura e a morte, a vida*: cartografia de um encontro entre saúde e educação. 2001. 122 f. Dissertação (Mestrado em Educação). Universidade Federal do Rio Grande do Sul, Porto Alegre.

LARA, M. R.; MONIZ, M. I. A. *Políticas públicas de avaliação*: uma pesquisa em currículo. São Paulo: Editora CRV, 2010.

LINHEIRA, C. Z. *O ensino de ciências na classe hospitalar*: um estudo de caso no hospital infantil Joana de Gusmão. 2006. 159 f. Dissertação (Mestrado em Educação Científica e Tecnológica). Universidade Federal de Santa Catarina, Florianópolis.

MARCHESAN, E. C. *A não-escola*: um estudo a partir dos sentidos atribuídos por jovens com câncer à escola e ao professor hospitalares. 2007. 346 f. Dissertação (Mestrado em Ciências Aplicadas à Pediatria). Universidade Federal de São Paulo, São Paulo.

MATOS, E. L. M. *O desafio do professor universitário na formação do pedagogo para atuação na educação hospitalar*. 1998. 155 p. Dissertação (Mestrado em Educação). Pontifícia Universidade Católica do Paraná, Curitiba.

MENEZES, C. V. A. *A necessidade da formação do pedagogo para atuar em ambiente hospitalar*: um estudo de caso em enfermarias pediátricas do hospital de Clínicas da UFPR. 2004. 118 f. Dissertação (Mestrado em Engenharia da Produção: Mídia e Conhecimento).

MIZUKAMI, M. da G. N. et al. *Escola e aprendizagem da docência*: processos de investigação e formação. São Carlos: EdUFSCar, 2002.

MUGIATTI, M. M. T. F. *Hospitalização escolarizada*: uma nova alternativa para o escolar doente. 1989. 86 f. Dissertação (Mestrado em Serviço Social). Pontifícia Universidade Católica do Rio Grande do Sul, Porto Alegre.

OLANDA, O. F. J. *O currículo em uma classe hospitalar*: estudo de caso no Albergue Pavilhão São José da Santa Casa de Misericórdia do Pará. 2006. 115 f. Dissertação (Mestrado em Educação: Currículo e Formação de Professores). Universidade Federal do Pará, Belém.

OLIVEIRA, F. A. M. *Projeto Pedagógico Hospitalar Escola Móvel-Aluno Específico*: cultura escolar e debate acadêmico (1989-2008). 2010. 272 f. Dissertação (Mestrado em Educação). Universidade Estadual de Campinas, Campinas.

OPPENHEIM D. *L'enfant et le cancer*. Paris: Bayard, 1996.

ORTIZ, L. C. M. *Classe hospitalar*: reflexões sobre uma práxis educativa. 2002. 83 f. Dissertação (Mestrado em Educação). Universidade Federal de Santa Maria, Santa Maria.

PEREIRA, M. Q. *Os saberes de uma professora e sua atuação na classe hospitalar*: estudo de caso no Hospital Universitário Santa Maria. 2006. 94 f. Dissertação (Mestrado em Educação). Universidade Federal de Santa Maria, Santa Maria.

PRIGOGINE, Y. *Ciência, razão e paixão*. São Paulo: Editora Livraria da Física, 2009.

RAMOS, M. A. *A história da classe hospitalar Jesus*. 2007. 105 f. Dissertação (Mestrado em Educação). Universidade Federal do Estado do Rio de Janeiro, Rio de Janeiro.

RIBEIRO, M. J. *O atendimento à criança hospitalizada*: um estudo sobre serviço recreativo-educacional em enfermaria pediátrica. 1993. 151 f. Dissertação (Mestrado em Educação: Psicologia Educacional). Faculdade de Educação, Universidade Estadual de Campinas, Campinas.

SANTOS, D. *Aprendizados adquiridos no hospital*: análise para um ensino de Ciências na Classe Hospitalar. 2008. 141 f. Dissertação (Mestrado em Educação Científica e Tecnológica). Universidade Federal de Santa Catarina, Florianópolis.

SCHILKE, A. L. T. *Representações sociais de ser professor em espaço hospitalar*. 2008. 129 f. Dissertação (Mestrado em Educação). Universidade Estácio de Sá, Rio de Janeiro.

SILVA, G. F. *Os sentidos subjetivos de adolescentes com câncer*. 2008. 164 f. Dissertação (Mestrado em Psicologia). Pontifícia Universidade Católica de Campinas, Campinas.

SILVA, J. M. A. *Um estudo sobre o processo de implementação de classes hospitalares. O caso do Hospital Domingos Adhemar Boldrini*. 2008. 183 f. Dissertação (Mestrado em Educação). Faculdade de Educação, Universidade Estadual de Campinas, Campinas.

SILVA, T. T. da. *Documentos de identidade*: uma introdução às teorias do currículo. Belo Horizonte: Autêntica, 2000.

SOUSA, E. *O processo educacional e as crianças e adolescentes portadores de anemia falciforme*. 2005. 96 f. Dissertação (Mestrado em Educação). Universidade Católica de Goiás, Goiânia.

SOUSA, F. M. *A escola hospitalar*: um estudo sobre o acompanhamento psicopedagógico escolar com crianças hospitalizadas por tempo prolongado. 2005. 151 f. Dissertação (Mestrado em Educação). Centro de Ciências da Educação, Universidade Federal do Piauí, Teresina.

SOUZA, K. C. S. *Uma ação pedagógica entre a vida e a morte*: o caso da escolaridade emergencial das crianças do Hospital do Câncer em Manaus-AM. 2003. 89 f. Dissertação (Mestrado em Educação). Faculdade de Educação, Universidade Federal do Amazonas, Manaus. 2003.

TOMASINI, R. *Pedagogia hospitalar*: concepções de profissionais sobre as práticas educativas e pedagógicas no ambiente hospitalar. 2008. 240 f. Dissertação (Mestrado em Educação: Práticas Pedagógicas: Elementos Articuladores). Universidade Tuiuti do Paraná, Curitiba.

TRUGILHO, S. M. *Classe hospitalar e a vivência do otimismo trágico*: um sentido da escolaridade na vida da criança hospitalizada. 2003. 227 f. Dissertação (Mestrado em Educação). Centro Pedagógico, Universidade Federal do Espírito Santo, Vitória.

VANCE Y. H; EISER, C. The school experience of the child with cancer. *Journal Child*: Care, Health, & Development, 28, 1, p. 5-19, 2002.

VIÑAO FRAGO, A. *Sistemas educativos, culturas escolares y reformas*: continuidades y cambios. Madrid: Ediciones Morata, 2003.

ZARDO, S. P. *O desenvolvimento organizacional das classes hospitalares do Rio Grande do Sul*: uma análise das dimensões econômica, pedagógica, política e cultural. 2007. 214 f. Dissertação (Mestrado em Educação: Educação Especial). Centro de Educação, Universidade Federal de Santa Maria, Santa Maria.

Referências bibliográficas

ABRAMOWICZ, M. Avaliação e progressão continuada: subsídios para uma reflexão. In: CAPPELLETTI, I. F. *Avaliação educacional*: fundamentos e práticas. São Paulo: Editora Articulação Universidade/Escola, 1999.

AMARAL, P. D. *Saber e prática docente em classes hospitalares*: um estudo no município do Rio de Janeiro. 2001. 113 f. Dissertação (Mestrado em Educação). Universidade Estácio de Sá, Rio de Janeiro.

APPLE, M. *Educação e poder*. Porto Algre: Artes Médicas, 1989.

_____. *Política cultura e educação*. São Paulo: Cortez, 2000.

ARENDT, H. A crise na educação. In: *Entre o passado e o futuro*. São Paulo: Perspectiva, 2009. p. 221-4.

_____. *A condição humana*. Rio de Janeiro: Forense Universitária, 2010.

ARIÈS, P. *História social da criança e da família*. Rio de Janeiro: Guanabara Koogan, 1978.

AYUSTE, A. et al. *Planteamientos de la pedagogia crítica. Comunicar y transformar*. Barcelona: Graó, 1999.

BARAKAT, L. P. et al. Evaluation of a social-skills training group intervention with children treated for brain tumors: a pilot study. *Journal of Pediatric Psychology*, v. 28, n. 5, p. 299-307, 2003.

BARTEL, N. R., THURMAN, S. K. Medical treatment and educational problems in children, 2007. Disponível em: <http://www.jstor.org/pss/20404794>. Acesso em: 13 abr. 2011.

BAYSINGER M. A trajectory approach for education of the child/adolescent with cancer. Journal of Pediatric Oncology Nursing, 10, p. 133-8, 1993.

BESSA, L. C. L. *O adolescer da criança com câncer.* 1997. 131 f. Dissertação (Mestrado em Psicologia). Universidade de São Paulo, Ribeirão Preto.

BLOCH, M. *Apologia da história ou o ofício do historiador.* Rio de Janeiro: Zahar, 2001.

BOBBIT, J. [1918] The curriculum. Boston: Houghton Mifflin apud SILVA, T. T. da. *Documentos de Identidade: uma introdução às teorias do currículo.* Belo Horizonte: Autêntica, 2000. p. 23.

BONASSINA, A. L. B. *Ambientes virtuais de aprendizagem*: uma proposta para inclusão de escolares hospitalizados. 2008. 186 f. Dissertação (Mestrado em Educação). Pontifícia Universidade Católica do Paraná, Curitiba.

BORGES, M. A. *Criação e implantação de um serviço pedagógico-ambulatorial para portadores de doença crônica no sangue*: um relato de experiência. 1996. 193 p. Dissertação (Mestrado em Educação-Metodologia de Ensino). Faculdade de Educação, Universidade Estadual de Campinas, Campinas.

BORTOLOZZI, J. M. *Contribuições para a concepção de um ambiente virtual de aprendizagem para escolares hospitalizados.* 2007. 236 f. Dissertação (Mestrado em Educação). Pontifícia Universidade Católica do Paraná, Curitiba.

BOWEN, J. História de la educación occidental. Barcelona: Herder, 1992. v. II.

BRASIL. Classes hospitalares e atendimento domiciliar. Ministério da Educação e do Desporto. Secretaria de Educação Especial. Brasília, 2002. Disponível em: <http:www.mec.gov.br/sessp/pdf/livro09.pdf>. Acesso em: 20 jul. 2008.

_____. Direitos da criança e do adolescente hospitalizados. Resolução n. 41, de 13 de outubro de 1995. Disponível em: <http://www.ufrgs.br/bioetica/conanda.htm>. Acesso em: 20 jul. 2008.

_____. Diretrizes Nacionais para a Educação Especial na Educação Básica. Resolução CNE/CBE n. 2, de 11 de setembro de 2001. Disponível em: <http://portal.mec.gov.br/seesp/arquivos/pdf/resolucaocne.pdf>. Acesso em: 20 jul. 2008.

BRASIL. Política Nacional de Educação Especial. Ministério da Educação e do Desporto. Secretaria de Educação Especial. Brasília, MEC/SEESP, 1994.

_____. Decreto-lei n. 1.044, de 21 de outubro de 1969. Disponível em: <http://www.planalto.gov.br/CCIVIL/Decreto-Lei/Del1044.htm>. Acesso em: 20 jul. 2008.

BRECHT, B. "Precisamos de você". Disponível em: <http://recantodasletras. com.br/homenagens/2420627>. Acesso em: 14 abr. 2011.

CAIRNS N. U. et al. School attendance of children with cancer. *Journal of School Health*, 52, p. 152-5, 1982.

CALEGARI, A. M. *As inter-relações entre educação e saúde*: implicações do trabalho pedagógico no contexto hospitalar. 2003. 141 p. Dissertação (Mestrado em Educação: Aprendizagem e Ação Docente). Universidade Estadual de Maringá, Maringá.

CAMACHO, M. R. *Memórias de um tempo junto à criança com câncer*: reflexões sobre o processo de aprendizagem e enfrentamento da doença. 2003. 220 f. Dissertação (Mestrado em Educação). Universidade Federal do Espírito Santo, Vitória.

CANGUILHEM, G. O normal e o patológico. Rio de Janeiro: Editora Forense Universitária, 1982.

CARPENTIERI, S. C. et al. Psychosocial and behavioral functioning among pediatric brain tumor survivors. Disponível em: PMID: 12892234 [PubMed — indexed for MEDLINE]. Acesso em: 24 jan. 2007.

CARVALHO, A. R. R. F. *A classe hospitalar sob o olhar de professores de um hospital público infantil*. 2008. 94 f. Dissertação (Mestrado em Psicologia Clínica). Pontifícia Universidade Católica de São Paulo, São Paulo.

CERTEAU, M. de. *A invenção do cotidiano*: 1. Artes de fazer. Rio de Janeiro: Vozes, 1994.

CHARLTON, A. et al. Absence from school related to cancer and other chronic conditions. *Journal Archives of Disease in Childhood*, 66, p. 1217-22, 1991.

CHARLTON, A.; PEARSON, D.; MORRIS-JONES, P. H. Children's return to school after treatment for solid tumours. *Journal Social Science e Medicine*, 22, p. 1337-46, 1986.

_____; LAVELLE, K. *Women's perception of risk of cancer.* British Medical Journal. 1998, August 22; 317(7157): 542.

COSTA, M. S. W. C. *Eurek@kids*: um novo olhar para a formação do professor no processo escolar com a utilização de ambiente virtual de aprendizagem. 2008. 116 f. Dissertação (Mestrado em Educação). Pontifícia Universidade Católica do Paraná, Curitiba.

COVIC, A. N. *Aprendizagem da docência*: um estudo a partir do atendimento escolar hospitalar. 2008. Tese (Doutorado). Pontifíca Universidade Católica, São Paulo. Disponível em: <http://www. oncopediatria. org. br/oncologistas/teses>. Acesso em: 12 de dezembro de 2010.

_____. *Atendimento pedagógico hospitalar*: convalidando uma experiência e sugerindo ideias para a formação de professores. 2003. Dissertação (Mestrado em Educação: Currículo). Pontifícia Universidade Católica de São Paulo, São Paulo.

_____; KANEMOTO, E. Escola, esquecimento e morte, In: SANTOS, F. S. (ed.). *Cuidados Paliativos*: diretrizes, humanização e alívio de sintomas. São Paulo: Atheneu, 2010.

_____; PETRILLI, A. S.; KANEMOTO, E. A frequência e a matrícula escolar de crianças e adolescentes com câncer. *RSBC*, São Paulo, n. 1, p. 10-15, 1º trim. 2004.

DARELA, M. L. *Classe hospitalar e escola regular*: tecendo encontros. 2007. 105 p. Dissertação (Mestrado em Educação). Centro de Ciências da Educação, Universidade Federal de Santa Catarina, Florianópolis.

DEASY-SPINETTA, P. School issues and the child with cancer. *Cancer,* 71, 10 suppl., p. 3261-4, 1993.

DE ROSSI, V. L. S. *Gestão do projeto político pedagógico*: Entre corações e mentes. São Paulo: Moderna, 2004.

EISER, C. How leukaemia affects a child's schooling. *British Journal of Social and Clinical Psychology*, 19, p. 365-8, 1980.

EVANS, S. E.; RADFORD M. Current lifestyle of young adults treated for cancer in childhood. *Journal Archives of Disease in Childhood*, 72, p. 423-6, 1995.

FAVROT, M. et al. Briser l'isolement: la visiocommunication au service de la scolarisation de l'enfant malade. *Bull Cancer*, 79, p. 855-63, 1992.

FOGGIATTO, J. A. A. *Ensino-aprendizagem de matemática em classe hospitalar*: uma análise da relação didática a partir da noção de contrato didático. 2006. 89 p. Dissertação (Mestrado em Educação Científica e Tecnológica). Universidade Federal de Santa Catarina, Florianópolis.

FONTES, R. S. *A escuta pedagógica à criança hospitalizada*: discutindo o papel da educação no hospital. 2003. 207 f. Dissertação (Mestrado em Educação). Universidade Federal Fluminense, Rio de Janeiro.

FONTES, R. S.; VASCONCELLOS, V. M. R. O papel da educação no hospital: uma reflexão com base nos estudos de Wallon e Vigotski. In: PAULA, E. M. T. A.; MATOS, E. M. M. (Orgs.). *Cadernos Cedes*, Campinas, v. 27, n. 73, p. 279-303, set./dez. 2007.

FOUCAULT, M. *Les machines à guérir aux origines de l'hôpital moderne*. Bruxelles: Mardaga, 1979.

_____. *Microfísica do poder*. Rio de Janeiro: Graal, 1981.

FRAPPAZ D. Pourquoi scolariser les enfants et les adolescents malades? *Soins Pediatr Pueric*, 186, p. 4-6, 1999.

_____ et al. Intérêt des projets d'accueil individualisés pour la réinsertion scolaire des enfants traités pour tumeur cérébrale: l'expérience du centre Léon-Bérard. *Bull Cancer*, 88, p. 1222-7, 2001.

FREIRE, P. *Educação como prática da liberdade*. São Paulo: Paz e Terra, 1980.

FREITAS, M. C. de; BICCAS, M. de S. *História social da Educação no Brasil (1926-1996)*. São Paulo: Cortez, 2009.

FUNGHETTO, S. S. A doença, a morte e a escola. Um estudo através do imaginário social. 1998. 86 p. Dissertação (Mestrado em Educação). Centro de Educação, Universidade Federal de Santa Maria, Santa Maria.

GABARDO, A. A. *Classe hospitalar: Aspectos da relação professor-aluno em sala de aula de um hospital*. 2002. 50 f. Dissertação (Mestrado em Psicologia). Centro de Filosofia e Ciências Humanas, Universidade Federal de Santa Catarina, Florianópolis. 2002.

GARCIA, R. *O conhecimento em construção*: das formulações de Jean Piaget à teoria dos sistemas complexos. Porto Alegre: Artmed, 2002.

GARCIA, S. H. *As tecnologias de informação e comunicação e o atendimento escolar no ambiente hospitalar*: o estudo de uma aluna hospitalizada. 2008. 91 f. Dissertação (Mestrado em Educação: Educação Especial). Centro de Educação, Universidade Federal de Santa Maria, Santa Maria.

GIDDENS, A. *As consequências da modernidade*. São Paulo: Editora Unesp, 1991.

GIROUX, H. A. *Os professores como intelectuais*: rumo a uma pedagogia crítica da aprendizagem. Porto Alegre: Artmed, 1997.

GLOUBERMAN, S. et al. Managing the care of healthand curing the disease. Part I: Differentiation. *Healthcare Management Review*, p. 56-69, 2001.

GOFFMAN, E. *Manicômios, prisões e conventos*. São Paulo: Perspectiva, 2007 (Coleção Debates, n. 91).

GONÇALVES, A. G. *Poesia na classe hospitalar*: texto e contexto de crianças e adolescentes hospitalizados. 2001. 153 f. Dissertação (Mestrado em Educação). Universidade Estadual Paulista, Marília.

GORTMAKER S. L. et al. Chronic conditions, socioeconomic risks, and behavioral problems in children and adolescents. *Pediatrics*, 85, p. 267-76, 1990.

GRAY R. E. et al. Psychologic adaptation of survivors of childhood cancer. *Cancer*, 70, p. 2713-21, 1992.

GREENBERG D. B. et al. Quality of life for adult leukemia survivors treated on clinical trials of Cancer and Leukemia Group B during the period 1971-1988: predictors for later psychologic distress. *Cancer*, 80, p. 1936-44, 1997.

GRISCELLI, C.; BURIOT, D.; WEIL-HALPERN, F. Ouverture de la vie hospitalière aux activités scolaires en hématologie pédiatrique. *Archives françaises de pediatrie*, 36 Suppl. 2, (LXXXV-XC), 1979.

HABERMAS, J. *Teoría de la acción comunicativa I*: racionalidad de la acción y racionalización social. Madrid: Taurus, 1987a.

_____. *Teoría de la acción comunicativa II*: crítica de la razón funcionalista. Madrid: Taurus, 1987b.

_____. *Teoría de la acción comunicativa*: complementos y estudios previos. Madrid: Ediciones Cátedra, 2001.

_____. *O discurso filosófico da modernidade*. São Paulo: Martins Fontes, 2002a.

_____. *Pensamento pós-metafísico*: estudos filosóficos. Rio de Janeiro: Tempo Brasileiro, 2002b.

_____. *Consciência moral e agir comunicativo*. Rio de Janeiro: Tempo Brasileiro, 2003.

_____. *A inclusão do outro*: estudos de teoria política. São Paulo: Loyola, 2004.

_____. *A lógica das ciências sociais*. São Paulo: Vozes, 2009.

HEIDEGGER, M. *Todos nós... Ninguém*: um enfoque denomenológico do social. São Paulo: Moraes, 1981.

HEISENBERG, W. *A ordenação da realidade*. Rio de Janeiro: Forense Universitária, 2009.

HUDSON M. M. et al. Health status of adult long-term survivors of childhood cancer: a report from the Childhood Cancer Survivor Study. *Jama*, 290, p. 1583-92, 2003.

IMBERNÓN, F. (Coord.). *La investigación educativa como herramienta de formación del profesorado*: reflexión y experiências de investigación educativa. Barcelona: Graó, 2002.

_____. *Formação docente e profissional*: formar-se para a mudança e a incerteza. 2. ed. São Paulo: Cortez, 2001. (Col. Questões da Nossa Época, n. 77).

JUNIOR, D. F. B. *O brincar de crianças acometidas pelo câncer: efeitos e saberes*. *2008*. 209 f. Dissertação (Mestrado em Educação). Universidade Federal do Mato Grosso, Cuiabá, 2008.

JUSTI, E. M. Q. *Atendimento pedagógico ao aluno com necessidades especiais internado em pediatria de queimados*: relato de experiência. 2003. 125 f. Dissertação (Mestrado em Educação). Universidade Federal do Paraná, Curitiba.

KAWUMURA, M. R. D. Disciplinaridade Sim! Original: 1997. Disponível em: <http://www.ige.unicamp.br/ojs/index.php/cienciaeensino/article/view/10/16>. Acesso em: 12 dez. 2010.

KOWALSKI, R. P. G. *Contribuições para a concepção de um ambiente virtual de aprendizagem para escolares hospitalizados*. 2008. 154 f. Dissertação (Mestrado em Educação). Pontifícia Universidade Católica do Paraná, Curitiba.

KULPA, S. *Entre a cura e a morte, a vida*: cartografia de um encontro entre saúde e educação. 2001. 122 f. Dissertação (Mestrado em Educação). Universidade Federal do Rio Grande do Sul, Porto Alegre.

LAHTEENMAKI, P. M. et al. Childhood cancer patients at school. *European Journal of Cancer*, 38, p. 1227-40, 2002.

LANSKY S. B.; LIST, M. A.; RITTER-STERR, C. Psychosocial consequences of cure. *Cancer* , 58 (2 Suppl.), p. 529-33, 1986.

LANSKY S. B.; LOWMAN, J. T.; VATS, T.; GYULAY J. E. School phobia in children with malignant neoplasms. *American Journal of Diseases of children*, 1975; 129 (1): 45-46.

LARA, M. R.; MONIZ, M. I. A. *Políticas públicas de avaliação*: uma pesquisa em currículo. São Paulo: Editora CRV. 2010.

LARCOMBE I. J. et al. Impact of childhood cancer on return to normal schooling. *British Medical Journal*, 301, p. 169-71, 1990.

LE GOFF, J. *História e memória*. Campinas: Editora da Unicamp, 1996.

LINHEIRA, C. Z. *O ensino de ciências na classe hospitalar*: um estudo de caso no hospital infantil Joana de Gusmão. 2006. 159 f. Dissertação (Mestrado em Educação Científica e Tecnológica). Universidade Federal de Santa Catarina, Florianópolis.

MANCINI A. F. et al. School-related behavior in children with cancer. *Journal of Pediatric Hematology/Oncology*, 6, p. 145-54, 1989.

MARCHESAN, E. C. A não-escola: Um estudo a partir dos sentidos atribuídos por jovens com câncer à escola e ao professor hospitalares. 346 f. 2007. Dissertação (Mestrado em Ciências Aplicadas à Pediatria). Universidade Federal de São Paulo, São Paulo. 2007.

MARCHESAN, E. C.; BOCK, A. M. B.; PETRILLI, A. S.; COVIC, A. N.; KANEMOTO, E. A não-escola: os sentidos atribuídos à escola e ao professor hospitalares por pacientes oncológicos. *Psicol. Cienc. Prof.*, v. 29, n. 3, set. 2009, p. 476-493.

MASETTO, M. T. Cultura educacional e gestão em mudança. In: VIEIRA, A. T. et al. (Org.). *Gestão educacional e tecnologia*. São Paulo: Avercamp, 2003.

MASS, T. *O processo de transição do ser adolescente hospitalizado com doença crônica sob a ótica da Enfermagem*. 2006. 154 f. Dissertação (Mestrado em Enfermagem). Universidade Federal do Paraná, Curitiba.

MATOS, E. L. M. *O desafio do professor universitário na formação do pedagogo para atuação na educação hospitalar*. 1998. 155 p. Dissertação (Mestrado em Educação) — Pontifícia Universidade Católica do Paraná, Curitiba.

MAYER, D. K. et al. School re-entry after a cancer diagnosis: physician attitudes about truth telling and information sharing. *Journal Child*: Care, Health and Development, n. 31 (3), p. 355-63, 2005.

MEDINA REVILLA, A.; DOMINGUEZ GARRIDO, M. C.; GENTO PALACIO, S. Design of the Didactic Means and the Cognitive Development for an Intercultural Education. Workgroup 3. In: QUALITATIVE SOCIAL RESEARCH. Forum: Freie Universität Berlin, 1999.

MELO, C. S. C. A. *Perfil e preocupação de adolescentes em tratamento de câncer atendidos em unidades pediátricas*. 2006. 129 f. Dissertação (Mestrado em Psicologia). Universidade de Brasília, Brasília.

MENEZES, C. V. A. *A necessidade da formação do pedagogo para atuar em ambiente hospitalar*: um estudo de caso em enfermarias pediátricas do hospital de Clínicas da UFPR. 2004. 118 f. Dissertação (Mestrado em Engenharia da Produção: Mídia e Conhecimento.

MERCIER, R. *L'enfant dans la société du XVIIIe siècle (avant l'Émile)*. Dakar: Université de Dakar, 1961.

MÉSZÁROS, I. *A educação para além do capital*. São Paulo: Boitempo, 2008.

MEYER, Philip. *A ética no jornalismo*. Rio de Janeiro: Forense Universitária, 1989.

MIZUKAMI, M. da G. N. et al. *Escola e aprendizagem da docência*: processos de investigação e formação. São Carlos: EdUFSCar, 2002.

MOTTA, A. B. *Brincar no hospital: câncer infantil e avaliação do enfrentamento da doença*. 2001. Dissertação (Mestrado em Psicologia). Universidade Federal do Espírito Santo, Vitória.

MUGIATTI, M. M. T. F. *Hospitalização escolarizada*: uma nova alternativa para o escolar doente. 1989. 86 f. Dissertação (Mestrado em Serviço Social). Pontifícia Universidade Católica do Rio Grande do Sul, Porto Alegre.

NICHOLS, B.; BALLABRIGA, A.; KRETCHMER, N. (Ed.) *History of pediatrics 1850-1950*. New York: Raven Press, 1991.

NUCCI, N. A. G. *A criança com leucemia na escola: visão do professor*. 278 f. Dissertação (Mestrado em Psicologia Escolar). Pontifícia Universidade Católica de Campinas, Campinas, 1998.

OLANDA, O. F. J. *O currículo em uma classe hospitalar*: estudo de caso no Albergue Pavilhão São José da Santa Casa de Misericórdia do Pará. 2006. 115 f. Dissertação (Mestrado em Educação: Currículo e Formação de Professores). Universidade Federal do Pará, Belém.

OLIVEIRA, F. A. M. *Projeto Pedagógico Hospitalar Escola Móvel-Aluno Específico*: cultura escolar e debate acadêmico (1989-2008). 2010. 272 f. Dissertação (Mestrado em Educação. Universidade Estadual de Campinas, Campinas.

OLSON A. L. et al. Overall function in rural childhood cancer survivors. The role of social competence and emotional health. *Clinical Pediatrics*, 32, p. 334-42, 1993.

OPPENHEIM D. *L'enfant et le cancer*. Paris: Bayard, 1996.

ORTIZ, L. C. M. *Classe hospitalar*: reflexões sobre uma práxis educativa. 2002. 83 f. Dissertação (Mestrado em Educação). Universidade Federal de Santa Maria, Santa Maria.

PECKHAM, V. C. Learning disabilities in long-term survivors of childhood cancer: concerns for parents and teachers. *International Disability Studies*, 13, p. 141-5, 1991.

PEREIRA, M. Q. Os saberes de uma professora e sua atuação na classe hospitalar: Estudo de caso no Hospital Universitário Santa Maria. 2006. 94 f. Dissertação (Mestrado em Educação). Universidade Federal de Santa Maria, Santa Maria.

PETRILLI, A. S. et al. (Org.). *Terapêutica e prática pediátrica*. São Paulo: Atheneu, 2000. p. 1251-1334.

PIAGET, J. et al. *Abstração reflexionante*: relações lógico-aritméticas e ordem das relações espaciais. Porto Alegre: Artes Médicas, 1995.

_____; GARCIA, R. *Psicogénese e história das ciências*. Lisboa: Publicações Dom Quixote, 1987.

POPEKEWITZ, T. S. *Paradigma in education science*: differente meanings and purpose to theory. Boston: Allyn and Bacon, 1980.

PRIGOGINE, I. *Ciência, razão e paixão*. São Paulo: Livraria Editora da Física, 2009.

_____. *O fim das certezas*: tempo, caos e as leis da natureza. São Paulo: Editora da Unesp, 1996.

PUI, C. H.; CRIST, W. M. Biology and treatment of acute lymphoblastic leukemia. *Journal of Pediatrics*, 124, p. 491-503, 1994.

RAMOS, M. A. *A história da classe hospitalar Jesus*. 2007. 105 f. Dissertação (Mestrado em Educação). Universidade Federal do Estado do Rio de Janeiro, Rio de Janeiro.

RIBEIRO, M. J. *O atendimento à criança hospitalizada*: um estudo sobre serviço recreativo-educacional em enfermaria pediátrica. 1993. 151 f. Dissertação (Mestrado em Educação: Psicologia Educacional). Faculdade de Educação, Universidade Estadual de Campinas, Campinas.

RICHARDSON R. C.; NELSON M. B.; MEESKE, K. Young adult survivors of childhood cancer: attending to emerging medical and psychosocial needs. *Journal of Pediatric Oncology Nursing*, 16, p. 136-44, 1999.

ROSS, J. W. Resolving nonmedical obstacles to successful school reentry for children with cancer. *Journal of School Health*, v. 54, n. 2, p. 84-86, Feb. 1984.

_____; SCARVALONE, S. A. Facilitating the pediatric cancer patient's return to school. *Social Work*, v. 27, n. 3, p. 256-61, May 1982.

SACRISTÁN, G. J.; GÓMEZ, A. I. P. *Compreender e transformar o ensino*. Porto Alegre: ArtMed, 2000.

SAIKALI, M. O. J. *Crianças portadoras de anemia falciforme: Aspectos do desenvolvimento cognitivo e desempenho escolar*. 1992. 78 f. Dissertação (Mestrado em Educação: Psicologia Educacional). Faculdade de Educação, Universidade Estadual de Campinas, Campinas.

SANTOS, B. de S. *Um discurso sobre as ciências*. São Paulo: Cortez, 2003.

SANTOS, D. *Aprendizados adquiridos no hospital*: análise para um ensino de Ciências na Classe Hospitalar. 2008. 141 f. Dissertação (Mestrado em Educação Científica e Tecnológica). Universidade Federal de Santa Catarina, Florianópolis.

SCHILKE, A. L. T. *Representações sociais de ser professor em espaço hospitalar*. 2008. 129 f. Dissertação (Mestrado em Educação). Universidade Estácio de Sá, Rio de Janeiro.

SCHOENFELD, A. H. Looking toward the 21st century: challenges of educational theory and practice. *Educational Researcher*, v. 28/7, p. 4-14, 1999.

SEARLE, N. S.; ASKINS, M.; BLEYER, W. A. Homebound schooling is the least favorable option for continued education of adolescent cancer patients: a preliminary report. *Medical and Pediatric Oncology*, 40, p. 380-4. 2003.

SHULMAN, L. S. Pedagogies. *Journal Liberal Education*, v. 91 n. 2, p. 18-25, 2005.

SILVA, G. F. *Os sentidos subjetivos de adolescentes com câncer*. 2008. 164 f. Dissertação (Mestrado em Psicologia). Pontifícia Universidade Católica de Campinas, Campinas.

SILVA, J. M. A. *Um estudo sobre o processo de implementação de classes hospitalares. O caso do Hospital Domingos Adhemar Boldrini*. 2008. 183 f. Dissertação (Mestrado em Educação). Faculdade de Educação, Universidade Estadual de Campinas, Campinas.

SILVA, T. T. da. *Documentos de identidade*: uma introdução às teorias do currículo. Belo Horizonte: Autêntica, 2000.

SONTAG, S. *A doença como metáfora*. Rio de Janeiro: Edições Graal, 1984.

SOUSA, E. *O processo educacional e as crianças e adolescentes portadores de anemia falciforme*. 2005. 96 f. Dissertação (Mestrado em Educação). Universidade Católica de Goiás, Goiânia.

SOUSA, F. M. *A escola hospitalar*: um estudo sobre o acompanhamento psicopedagógico escolar com crianças hospitalizadas por tempo prolongado. 2005. 151 f. Dissertação (Mestrado em Educação). Centro de Ciências da Educação, Universidade Federal do Piauí, Teresina.

SOUZA, K. C. S. *Uma ação pedagógica entre a vida e a morte*: o caso da escolaridade emergencial das crianças do Hospital do Câncer em Manaus-AM. 2003. 89 f. Dissertação (Mestrado em Educação). Faculdade de Educação, Universidade Federal do Amazonas, Manaus.

SPINETTA J. J.; DEASY-SPINETTA, P. The patient's socialization in the community and school during therapy. *Cancer*, 58, 2 Suppl, p. 512-5, 1986.

SPOSITO, M. P. *Juventude e escolarização (1980-1998)*. Brasília: MEC/Inep/Comped, 2002.

TARDIF, M.; LESSARD, C.; LAHAYE, L. Os professores face ao saber: esboço de uma problemática do saber docente. *Teoria e Educação*, Porto Alegre: Pannônica, n. 4. 1991.

TEYSERRE, D. *Pédiatrie des lumières*. Paris: Vrin, 1982.

THE SALAMANCA STATEMENT AND FRAMEWORK FOR ACTION ON SPECIAL NEEDS EDUCATION. World Conference on Special Needs Education: Access and quality. Salamanca. Spain, 7-10 June 1994. Disponivel em: <http://unesdoc.unesco.org/images/0009/000984/098427eo.pdf>.

TOMASINI, R. *Pedagogia hospitalar*: concepções de profissionais sobre as práticas educativas e pedagógicas no ambiente hospitalar. 2008. 240 f. Dissertação (Mestrado em Educação: Práticas Pedagógicas: Elementos Articuladores). Universidade Tuiuti do Paraná, Curitiba.

TRUGILHO, S. M. *Classe hospitalar e a vivência do otimismo trágico*: um sentido da escolaridade na vida da criança hospitalizada. 2003. 227 f. Dissertação (Mestrado em Educação). Centro Pedagógico, Universidade Federal do Espírito Santo, Vitória.

TYLER, R. W. [1949]. *Basic Principles of Curriculum and Instruction*, Chicago: University of Chicago Press. apud SILVA, T. T. da. *Documentos de Identidade: uma introdução às teorias do currículo*. Belo Horizonte: Autêntica, 2000. p. 25.

VALLADARES, A. C. A. *Arte terapia com crianças hospitalizadas*. 2003. 258 f. Dissertação (Mestrado em Enfermagem Psiquiátrica: Promoção de Saúde Mental). Escola de Enfermagem de Ribeirão Preto, Universidade de São Paulo, Ribeirão Preto.

VANCE, Y. H., EISER, C. The school experience of the child with cancer. *Journal Child*: Care, Health and Development, n. 28 (1), p. 5-19, 2002.

VANNATTA, K. et al. A controlled study of peer relationships of children surviving brain tumors: teacher, peer, and self ratings. *Journal of Pediatric Psychology*, 23, p. 279-87, 1998a.

_____ Et al. Social functioning of children surviving bone marrow transplantation. *J Pediatr Psychol*, 23, p. 169-78, 1998b.

VENDRÚSCULO, J. *Criança curada de câncer: modos de existir*. 1998. 199 f. Dissertação (Mestrado em Psicologia). Universidade de São Paulo, Ribeirão Preto.

VERGER, J. P. *As universidades na Idade Média*. São Paulo: Unesp, 1990.

VIKTOR, M. Classe hospitalar: educador de plantão. *Revista Educação*, São Paulo, v. 6, n. 71, p. 18-22, 2003.

VIÑAO FRAGO, A. *Sistemas educativos, culturas escolares y reformas*: continuidades y cambios. Madri: Morata, 2003.

WEITZMAN, M.; WALKER, D. K.; GORTMAKER, S. Chronic illness, psychosocial problems, and school absences. Results of a survey of one county. *Clinical Pediatrics*, 25, p. 137-41, 1986.

YOUNG, J. L. et al. Incidence of malignant tumors in U.S. children. *Journal Pediatric*, 1975.

ZARDO, S. P. *O desenvolvimento organizacional das classes hospitalares do Rio Grande do Sul*: uma análise das dimensões econômica, pedagógica, política e cultural. 2007. 214 f. Dissertação (Mestrado em Educação: Educação Especial). Centro de Educação, Universidade Federal de Santa Maria, Santa Maria.

ZEBRACK, B. J. et al. Psychological outcomes in long-term survivors of childhood leukemia, Hodgkin's disease, and non-Hodgkin's lymphoma: a report from the Childhood Cancer Survivor Study. *Clinical Pediatrics*, 110, p. 42-52, 2002.

_____ et al. Psychological outcomes in long-term survivors of childhood brain cancer: a report from the childhood cancer survivor study. *J. Clin. Oncol.*, 22, p. 999-1006, 2004.

Impressão e acabamento
Imprensa da Fé